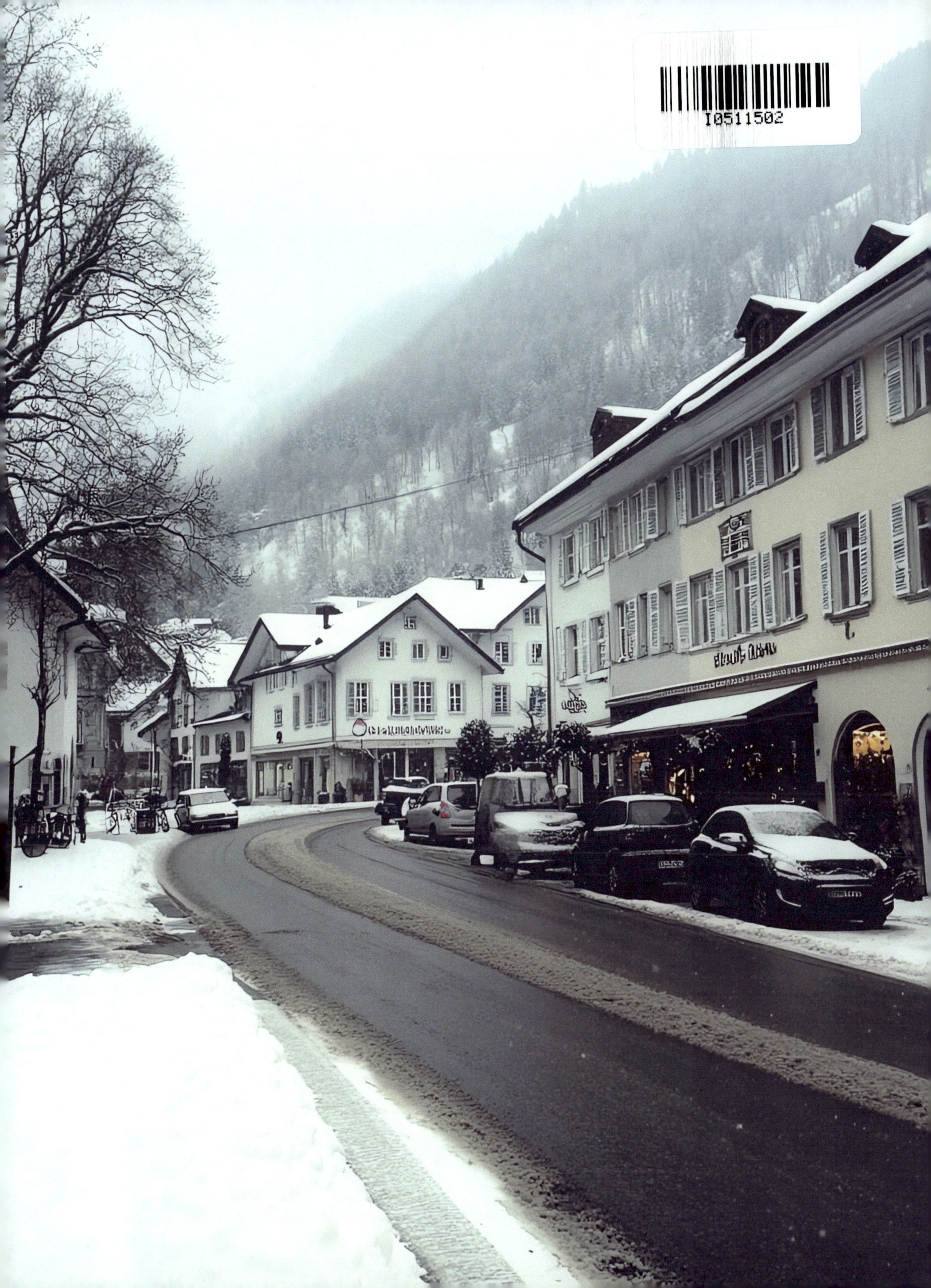

I0511502

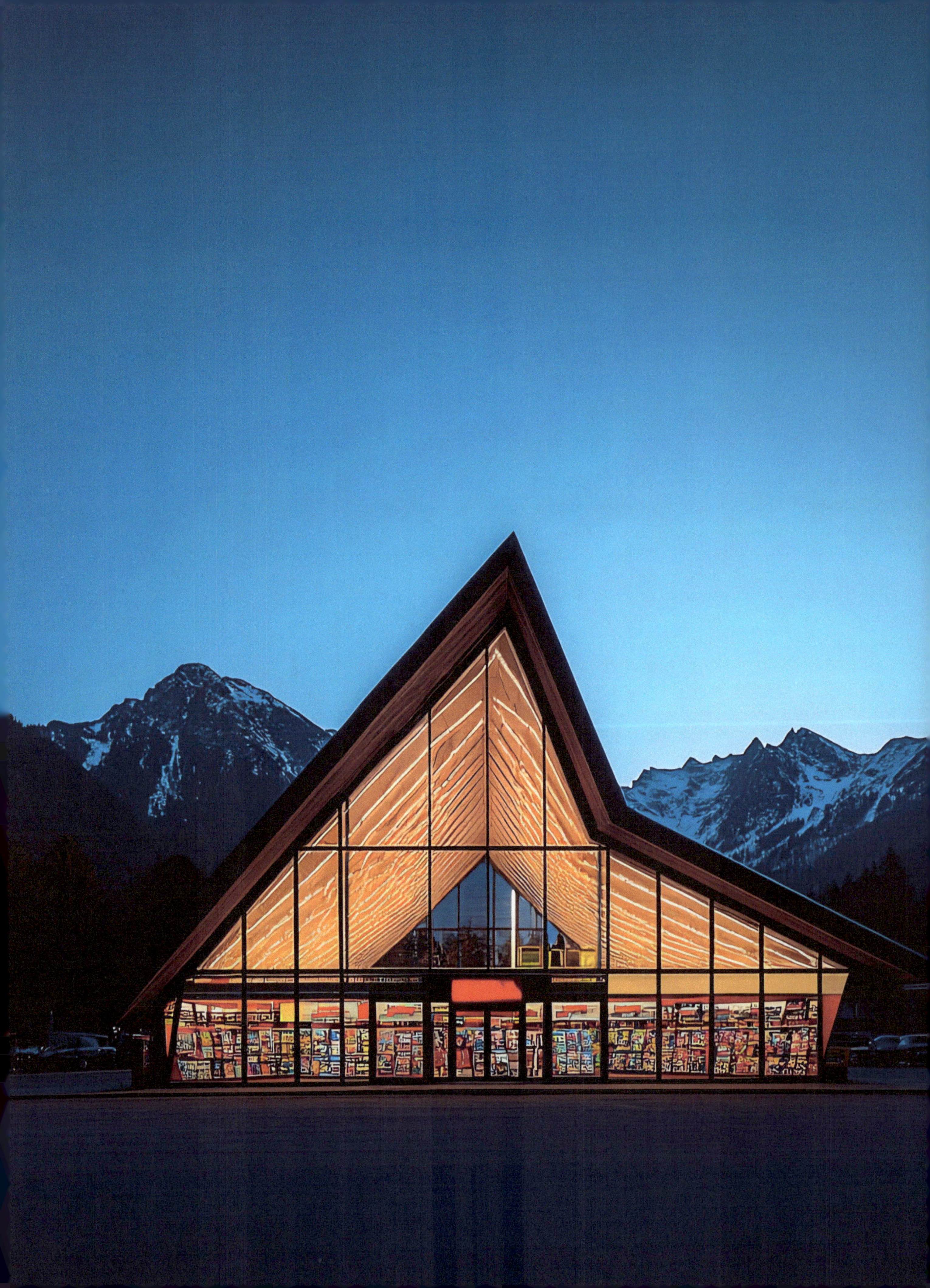

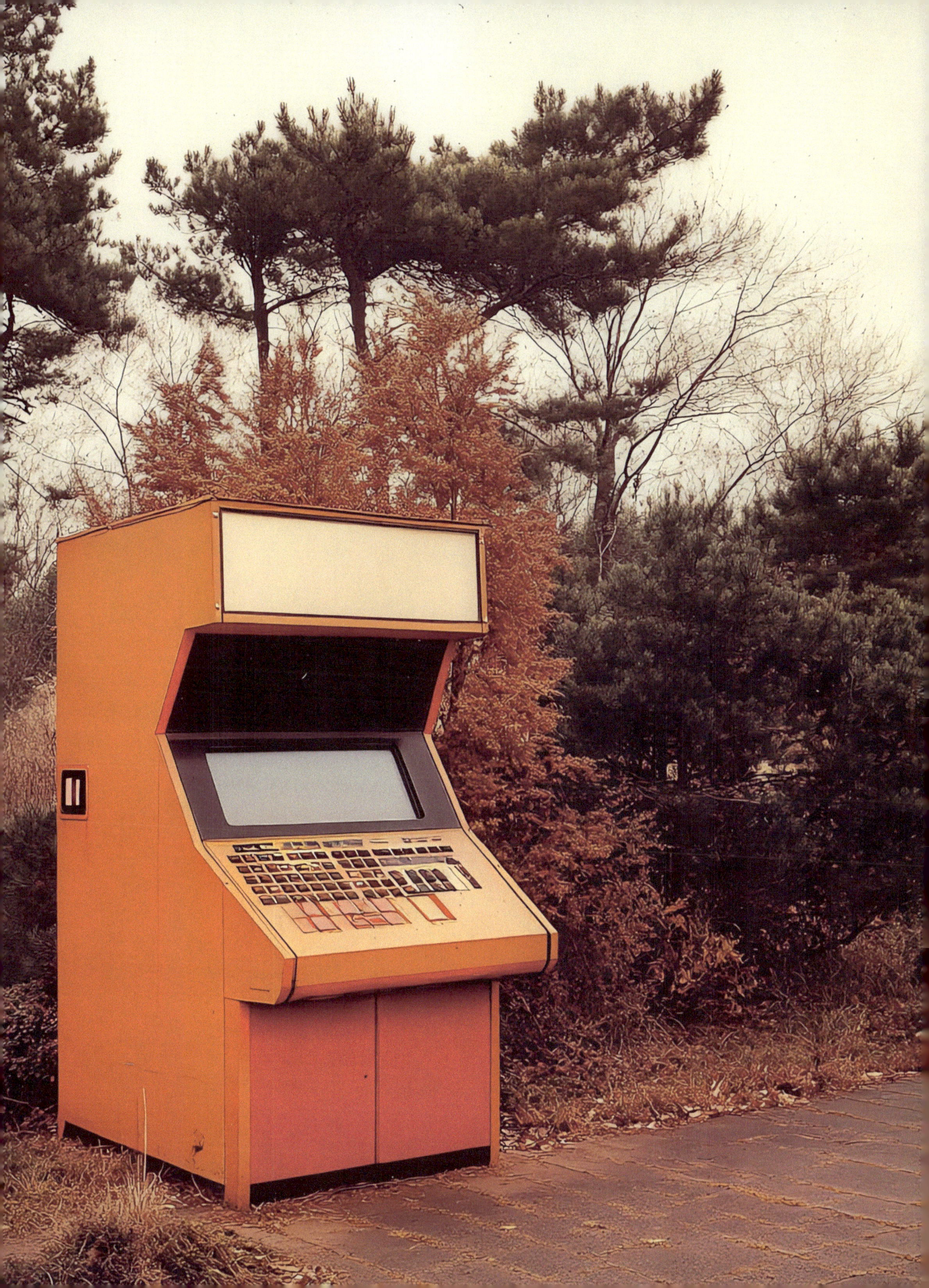

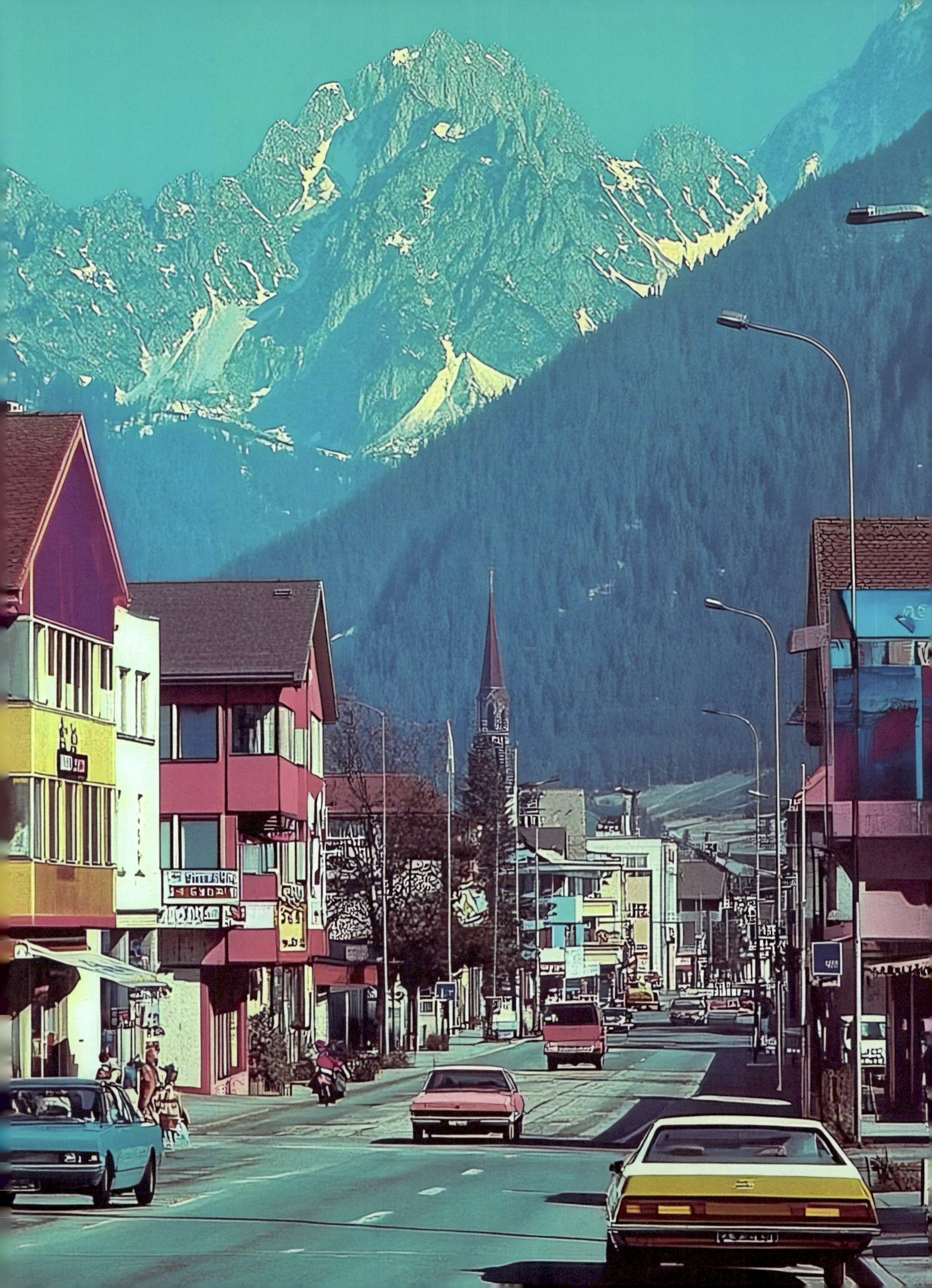

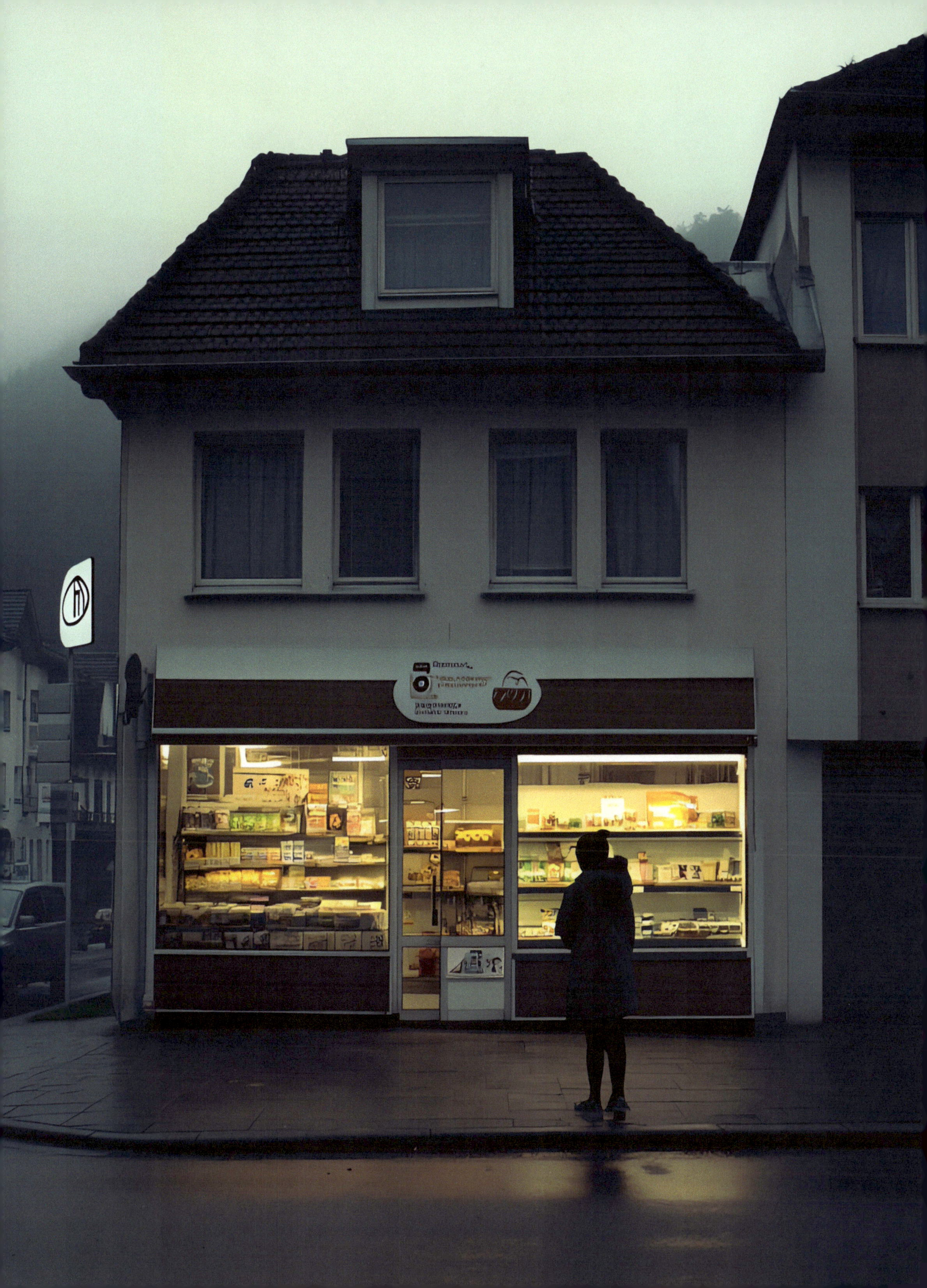

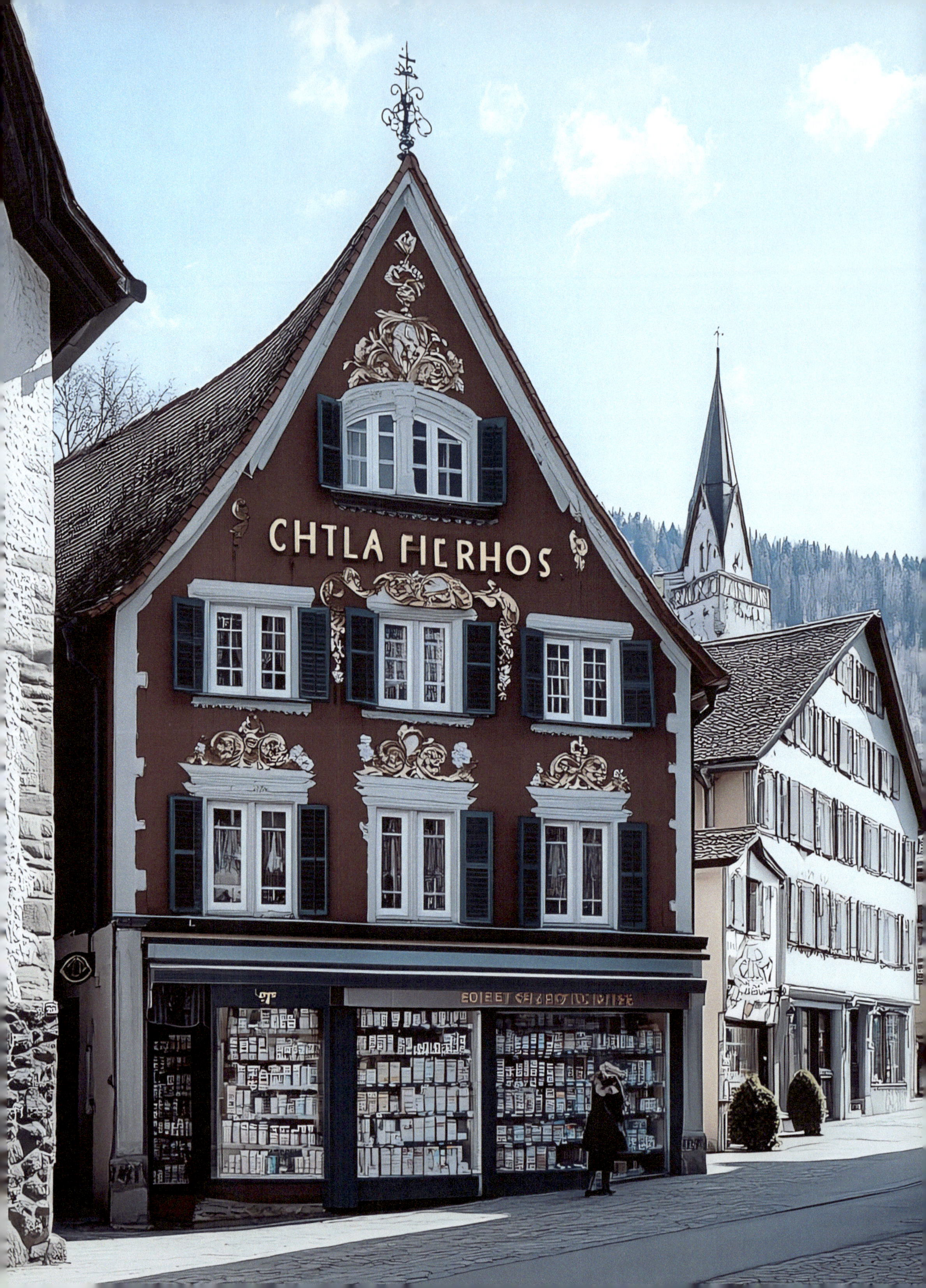
CHTLA FIERHOS

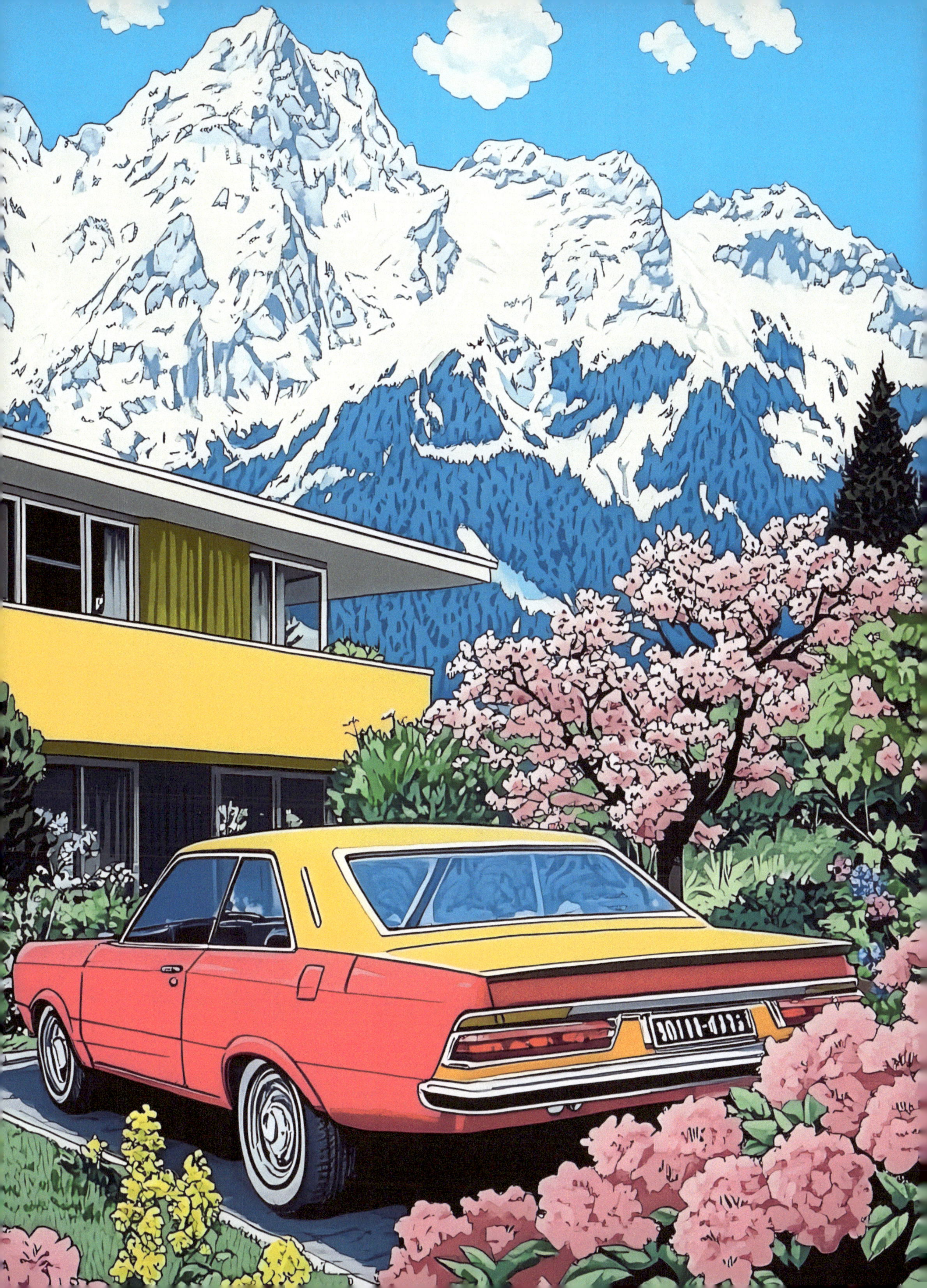

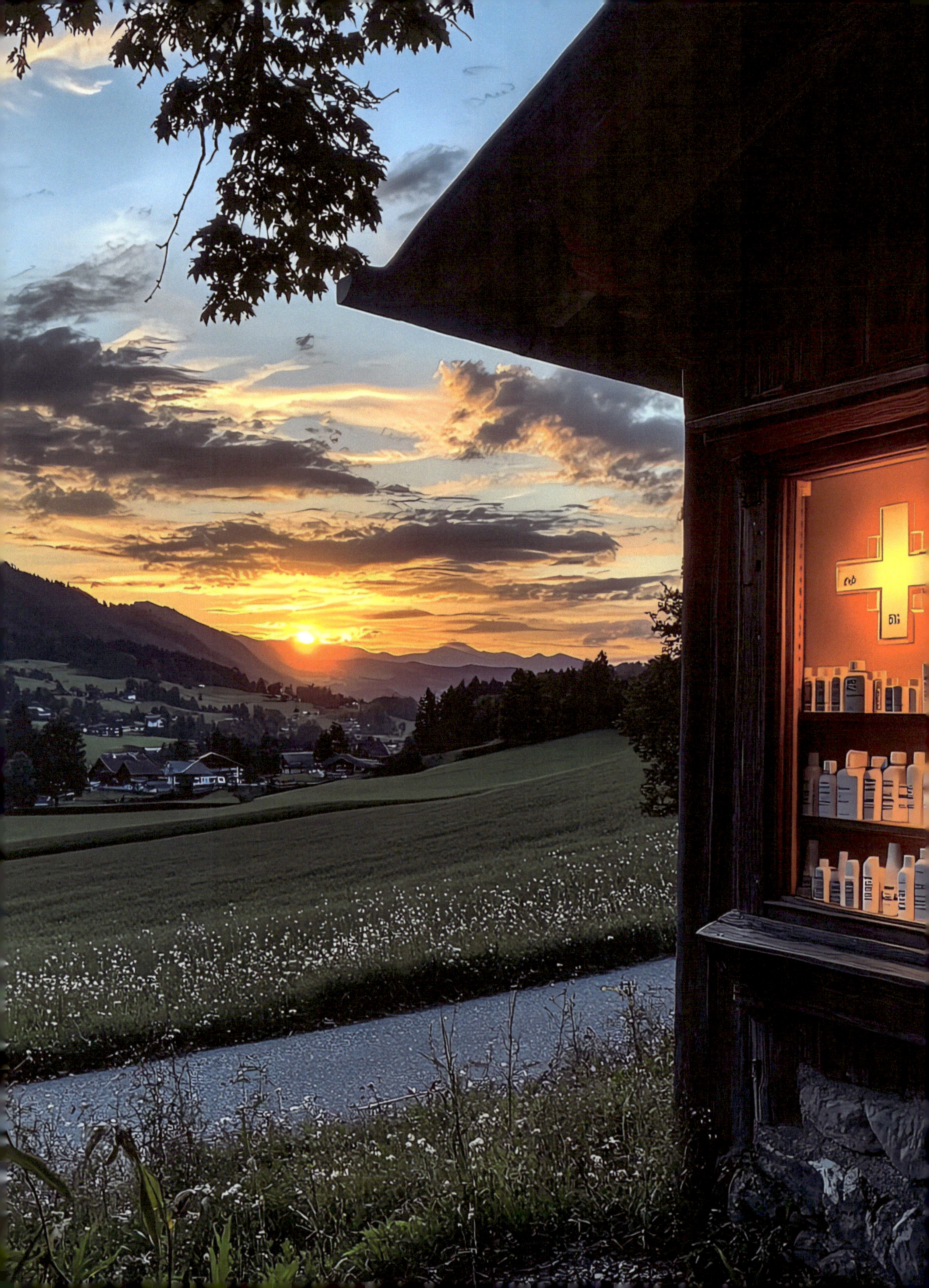

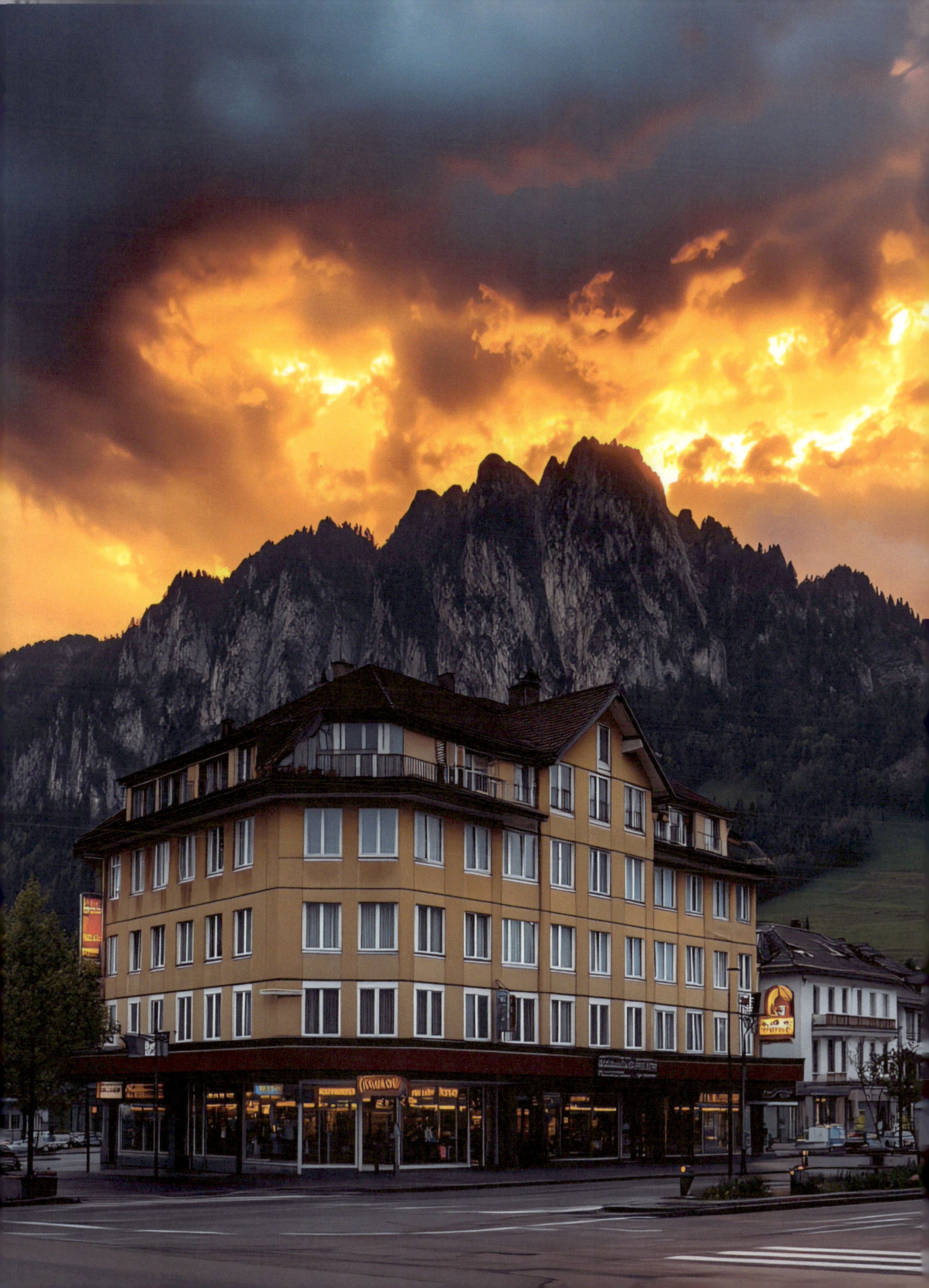

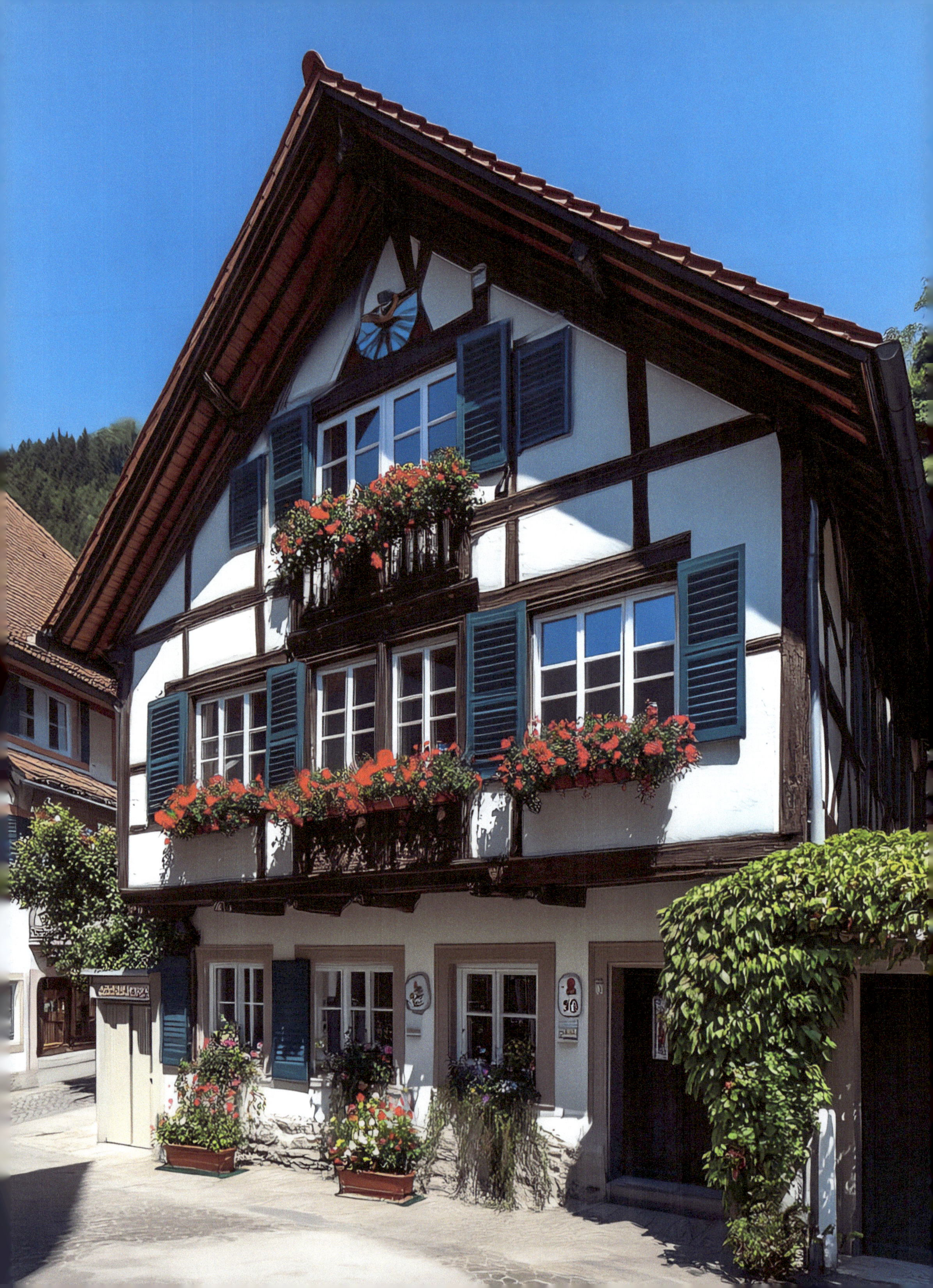

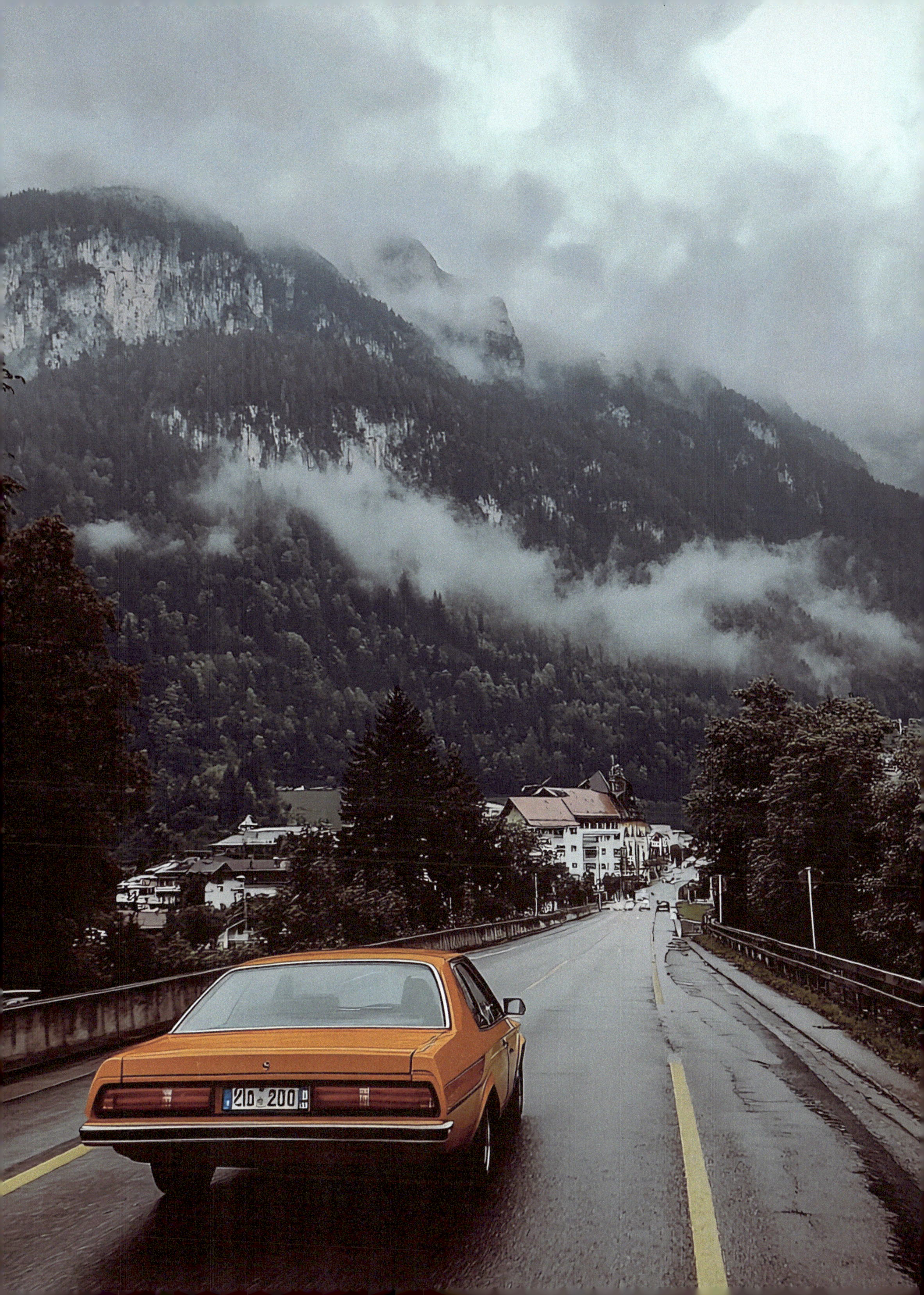

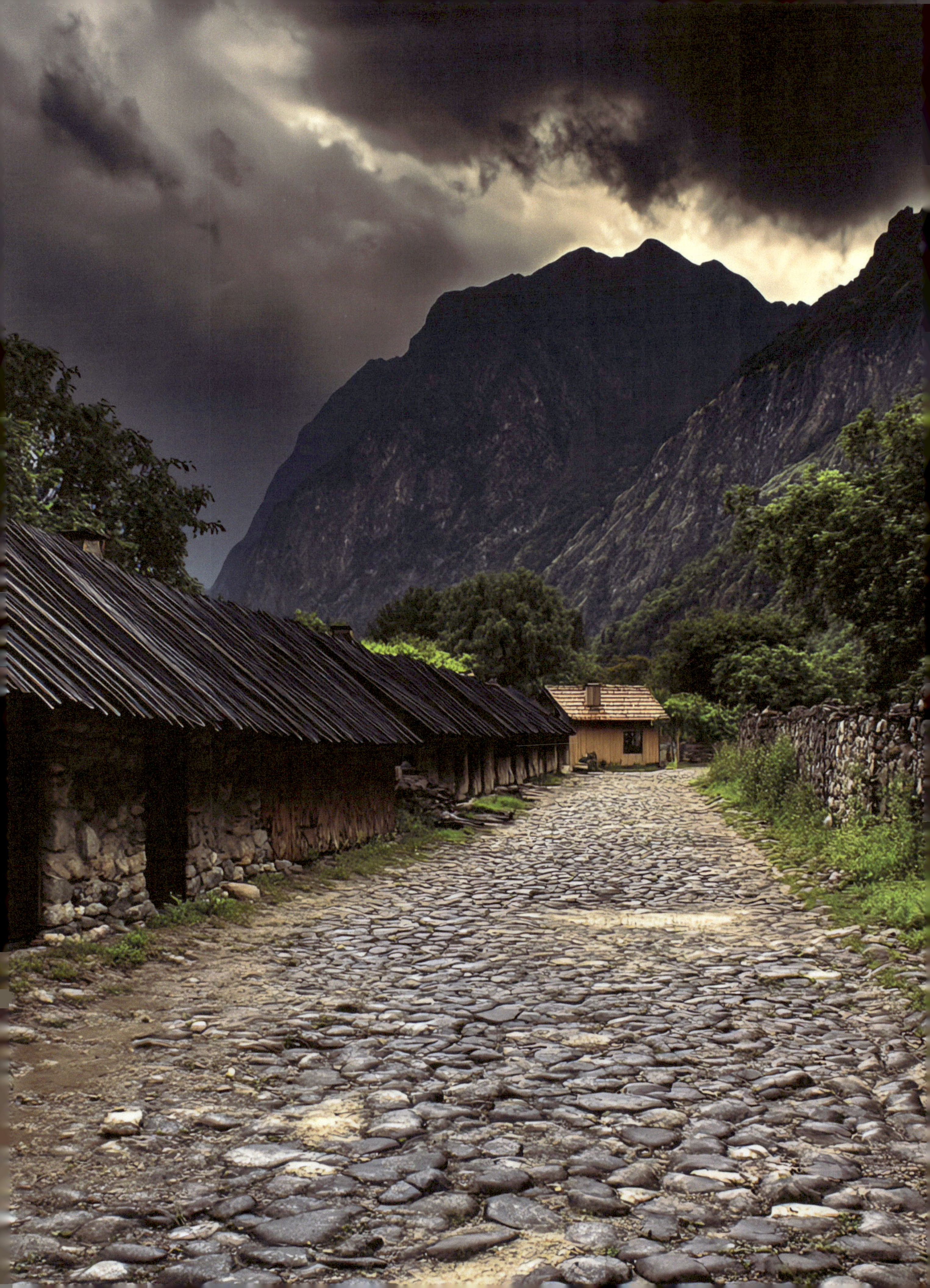

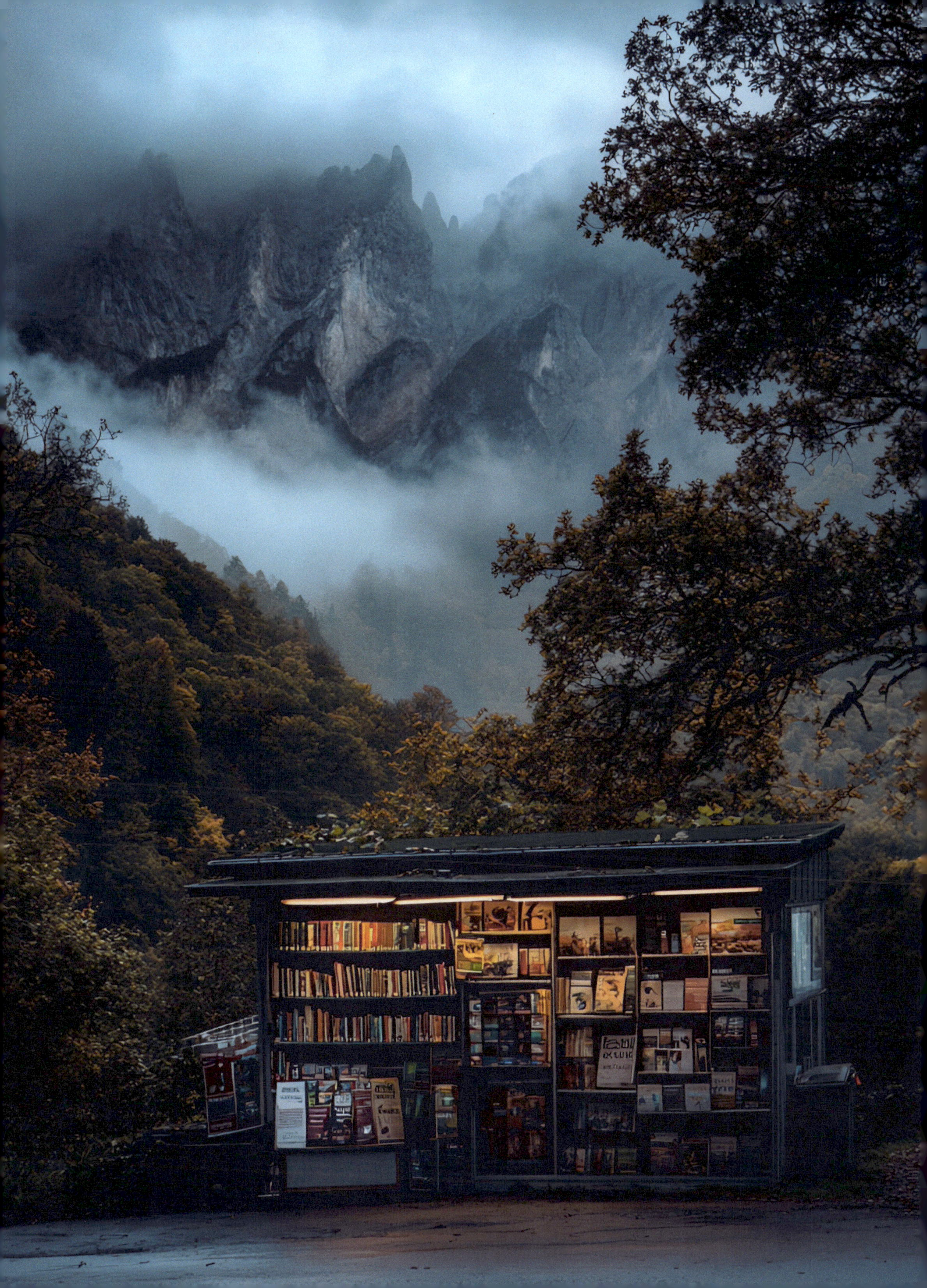

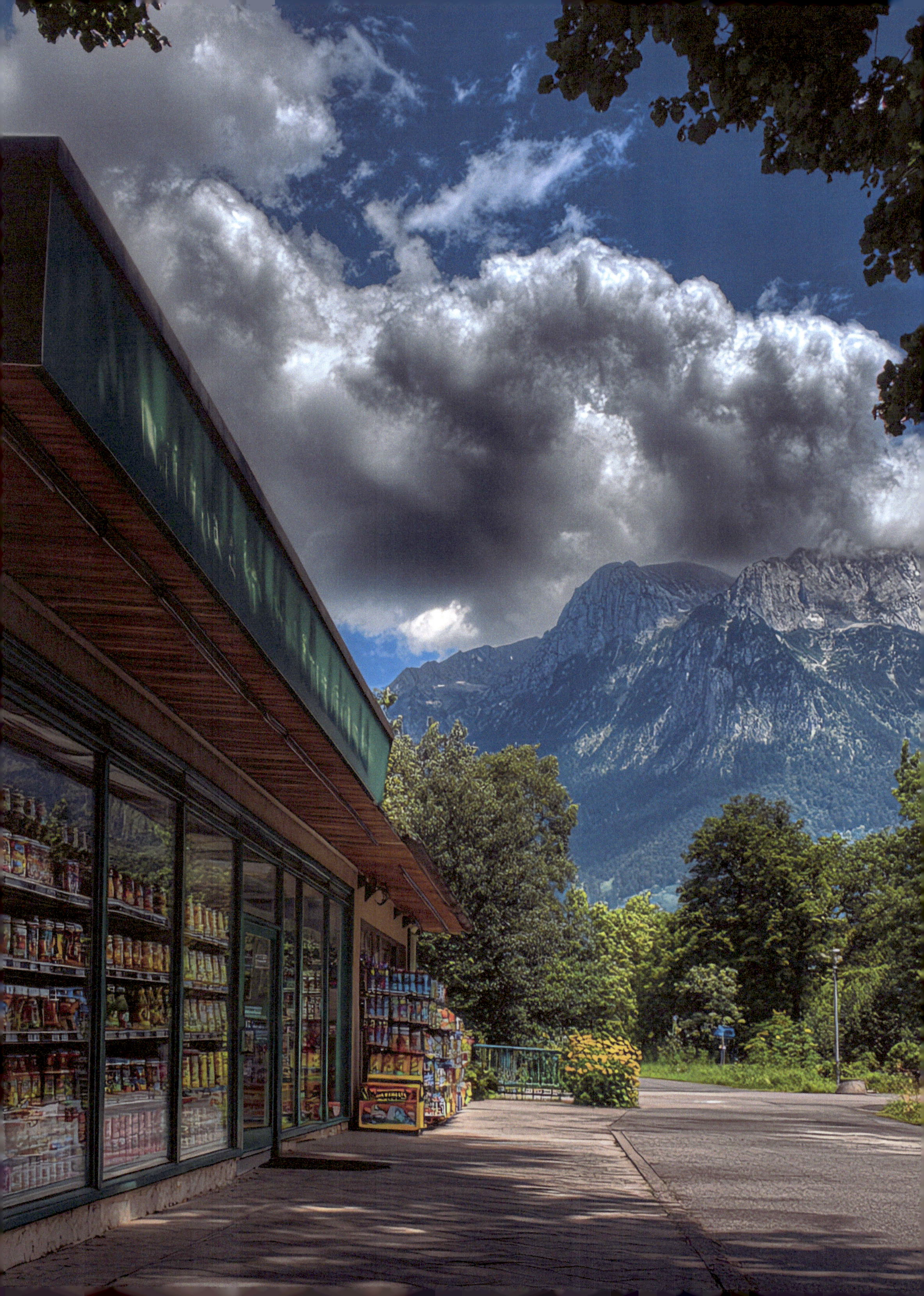

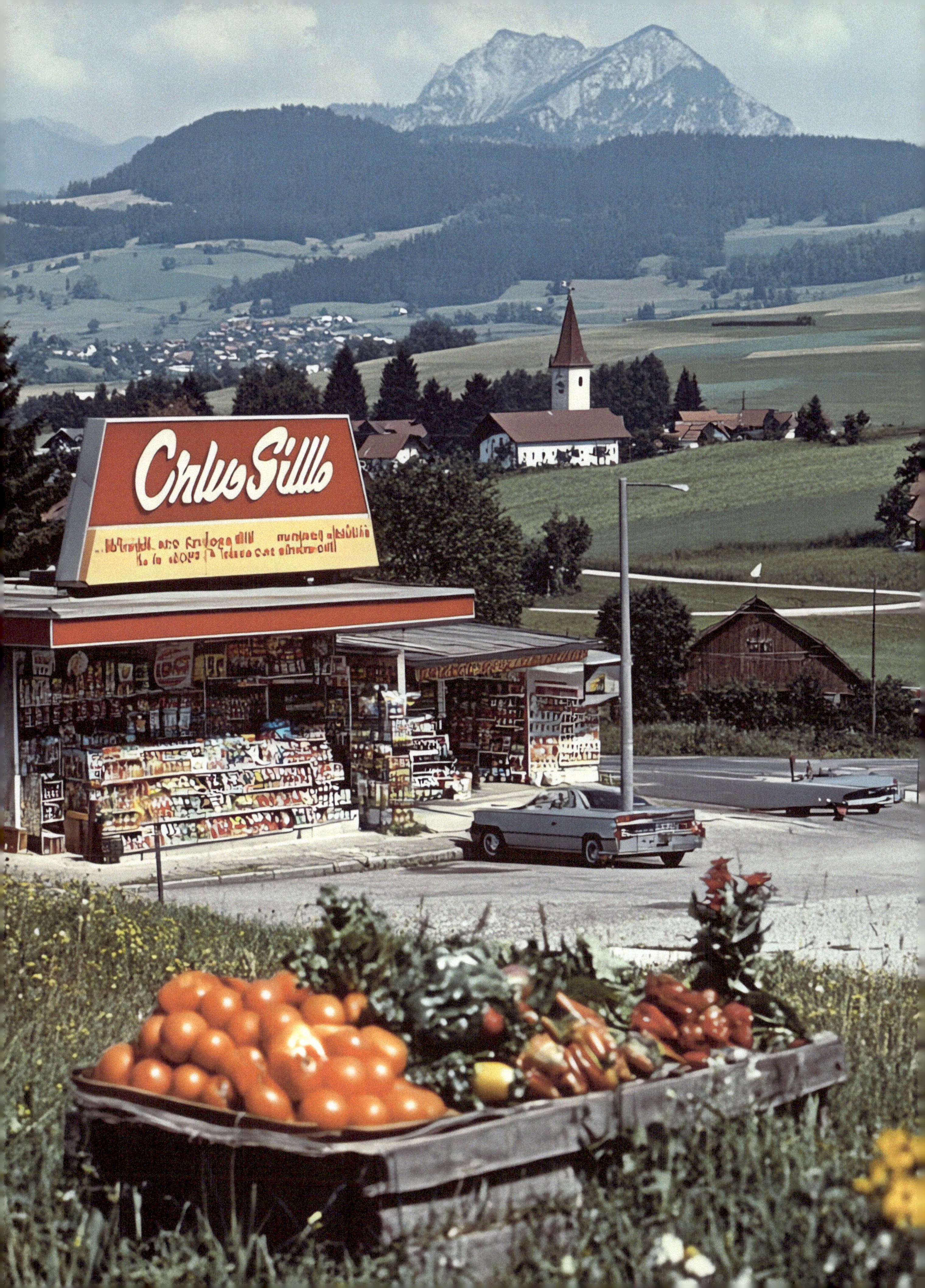

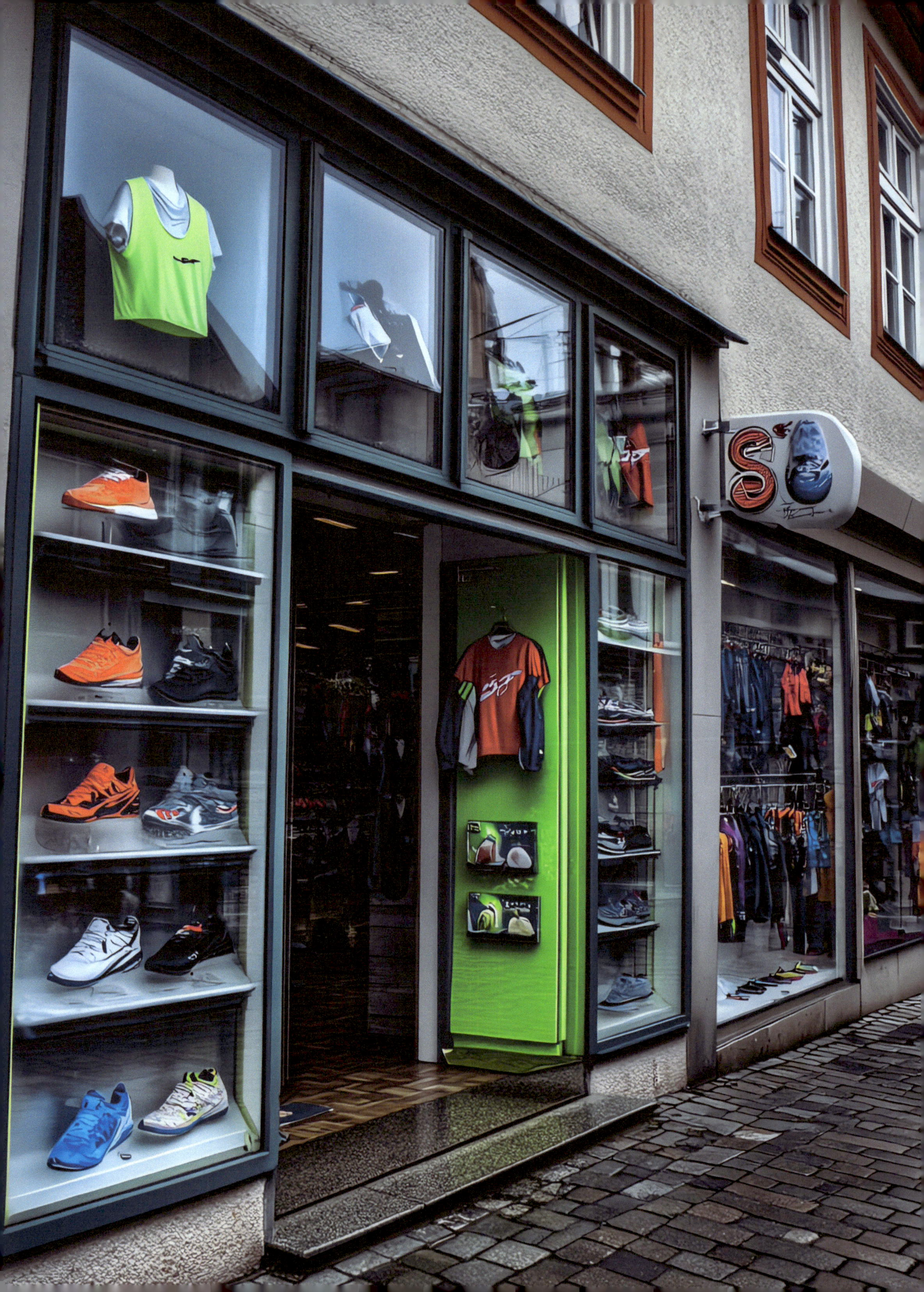

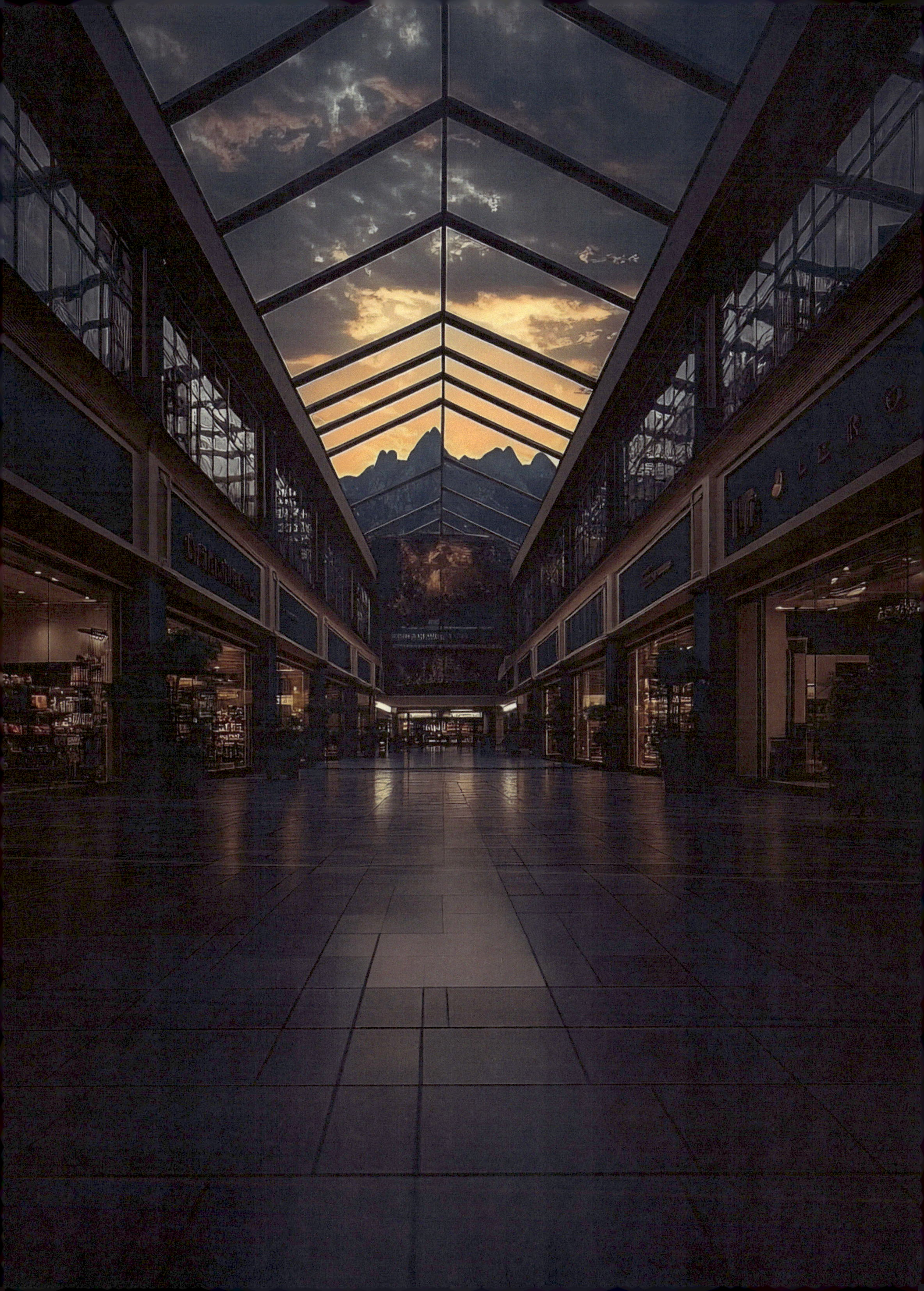

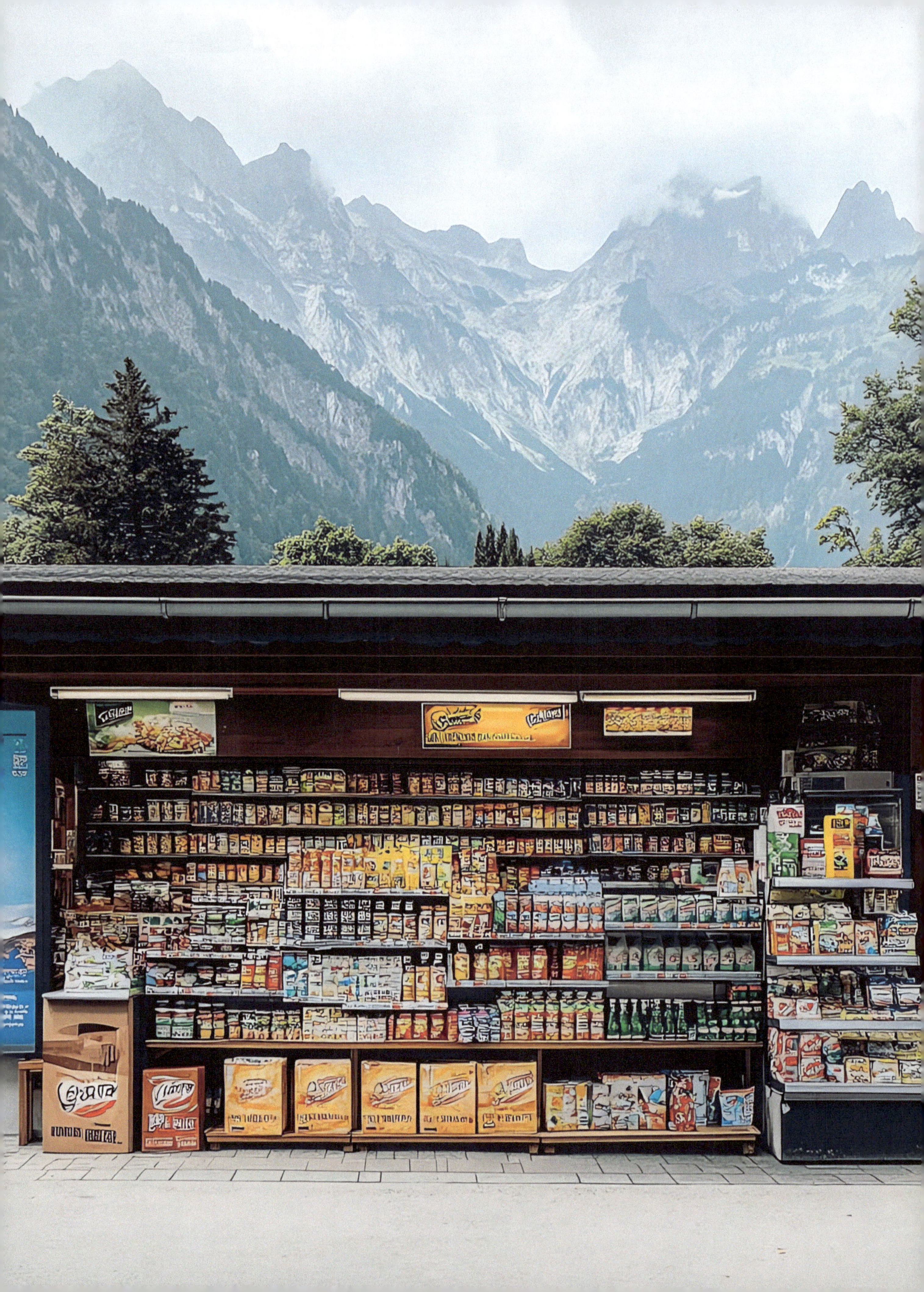

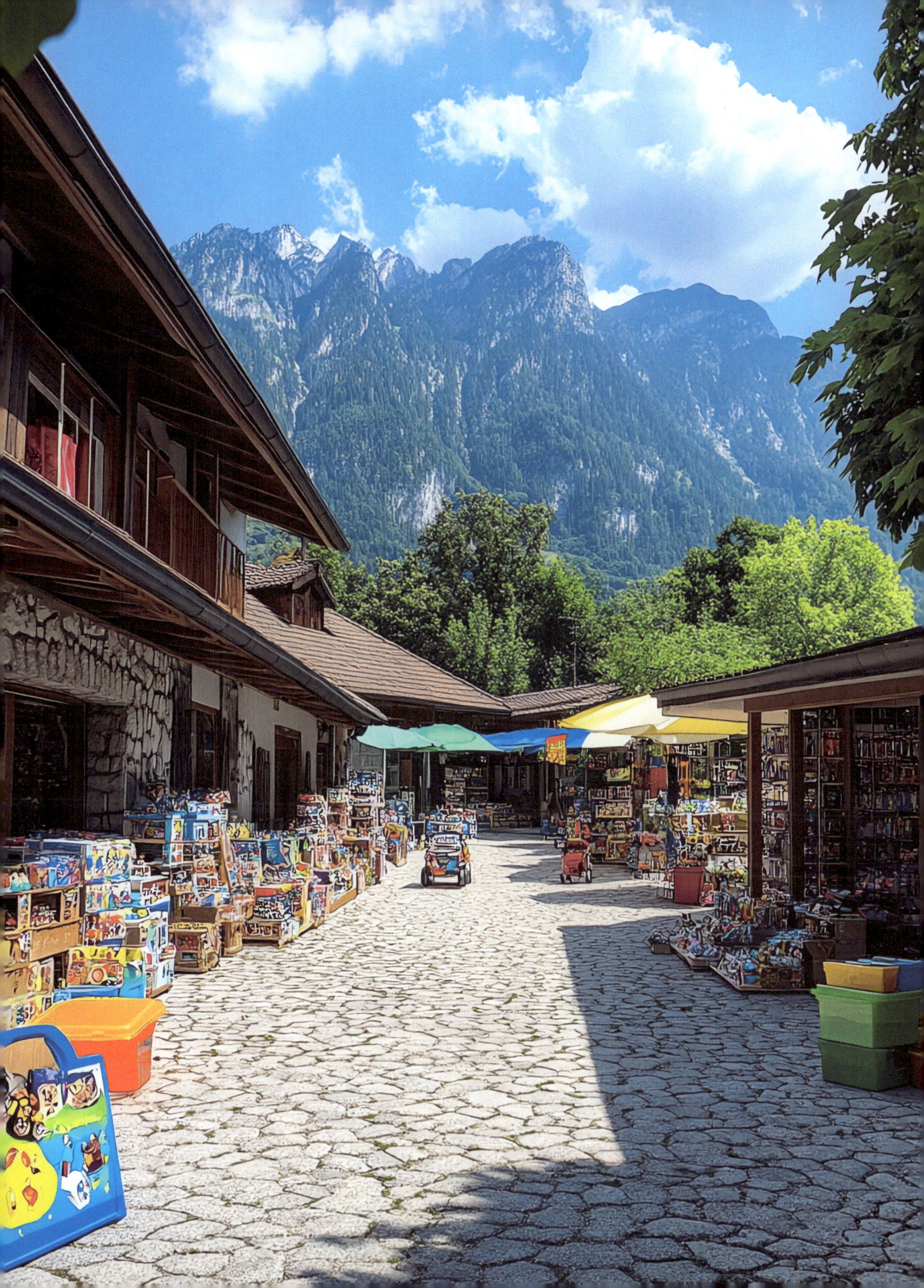

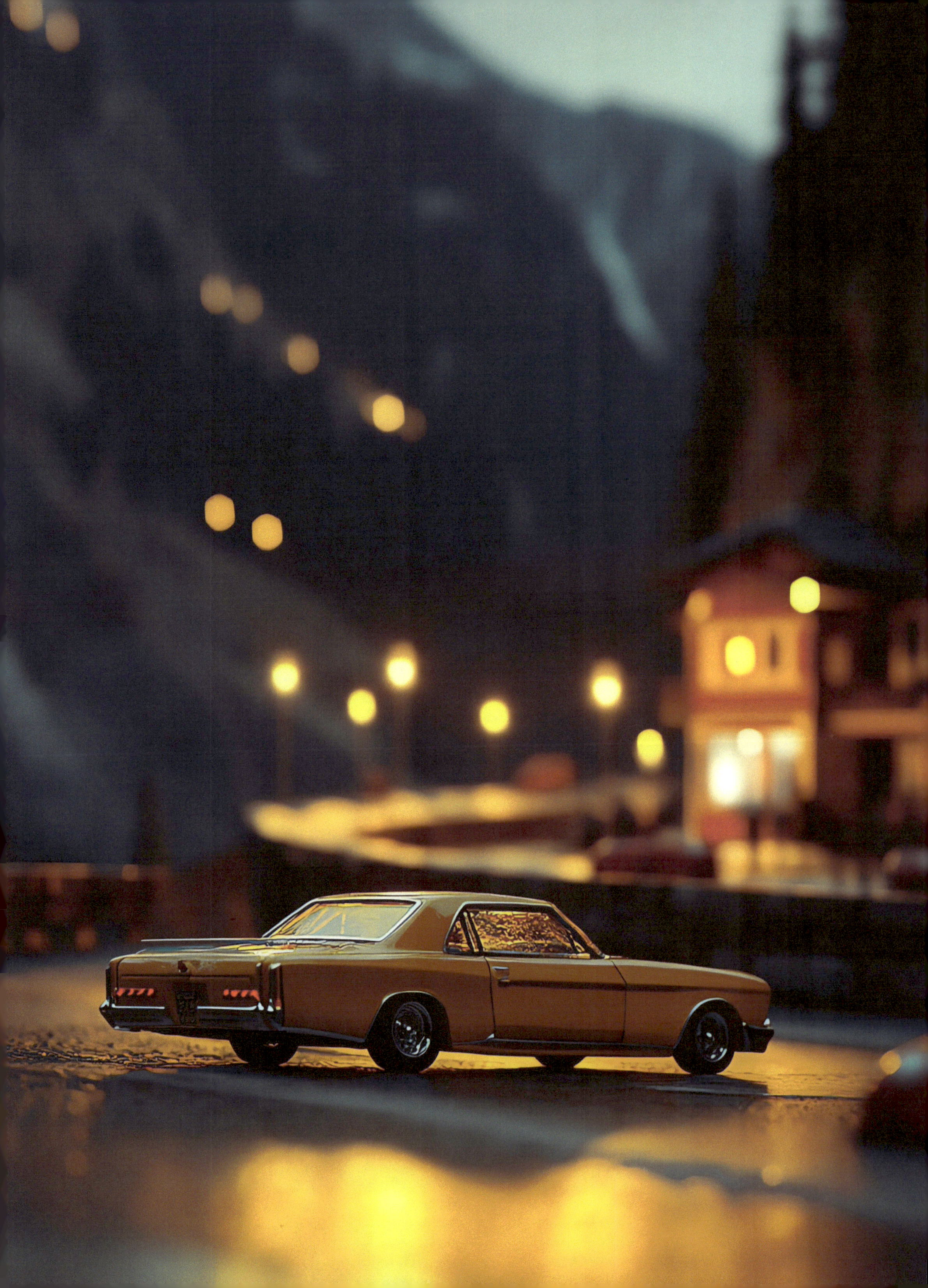

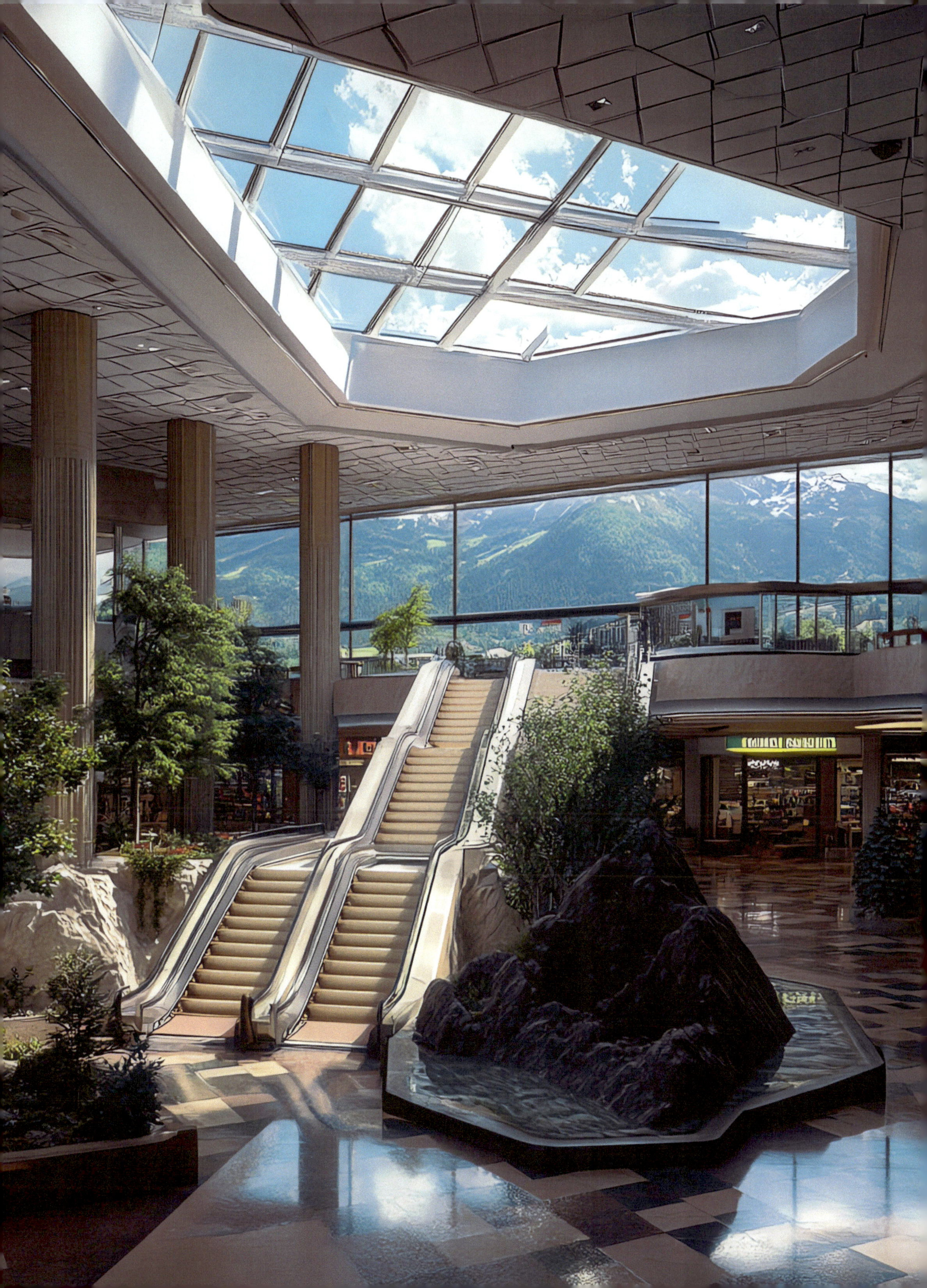

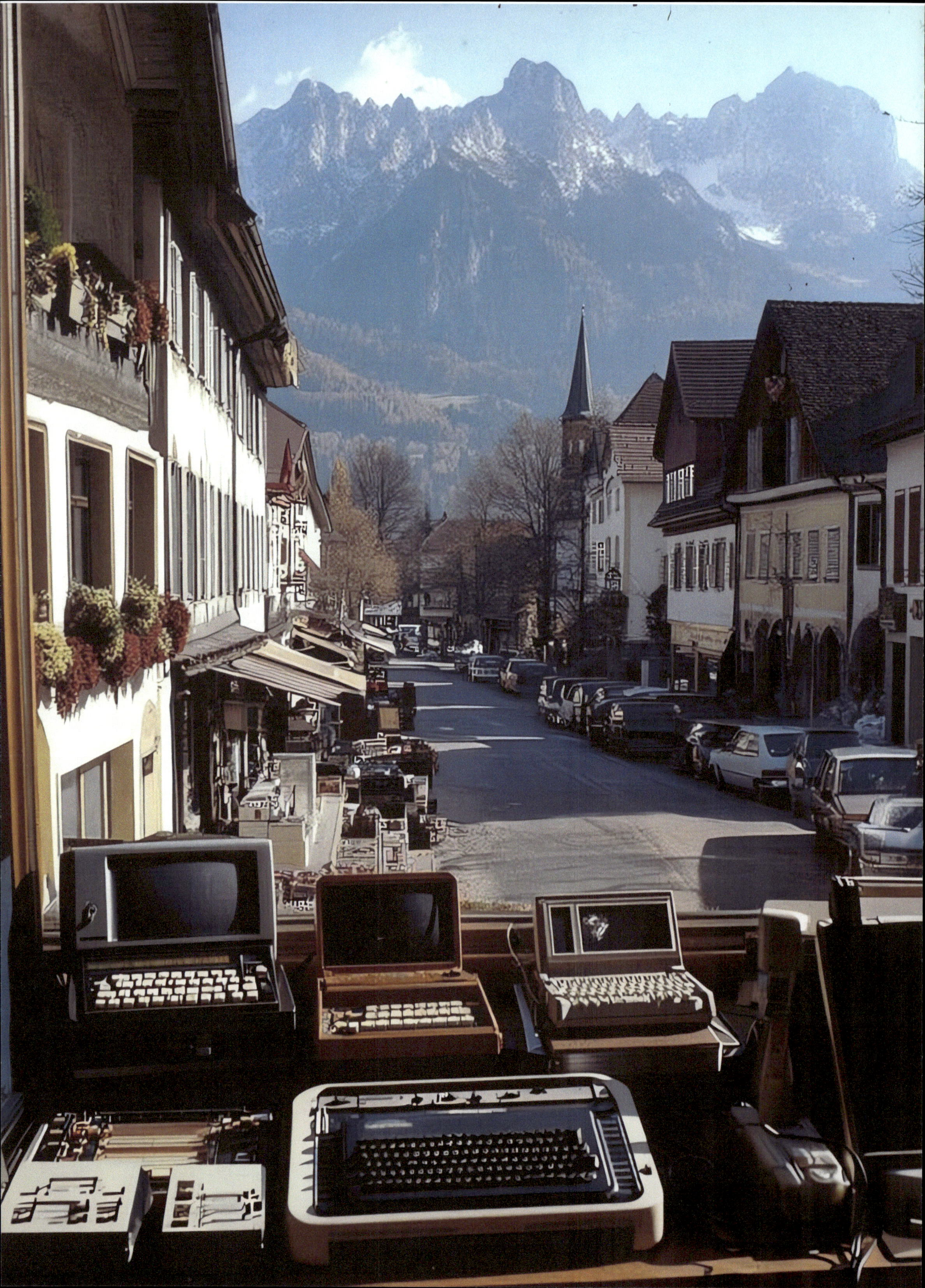

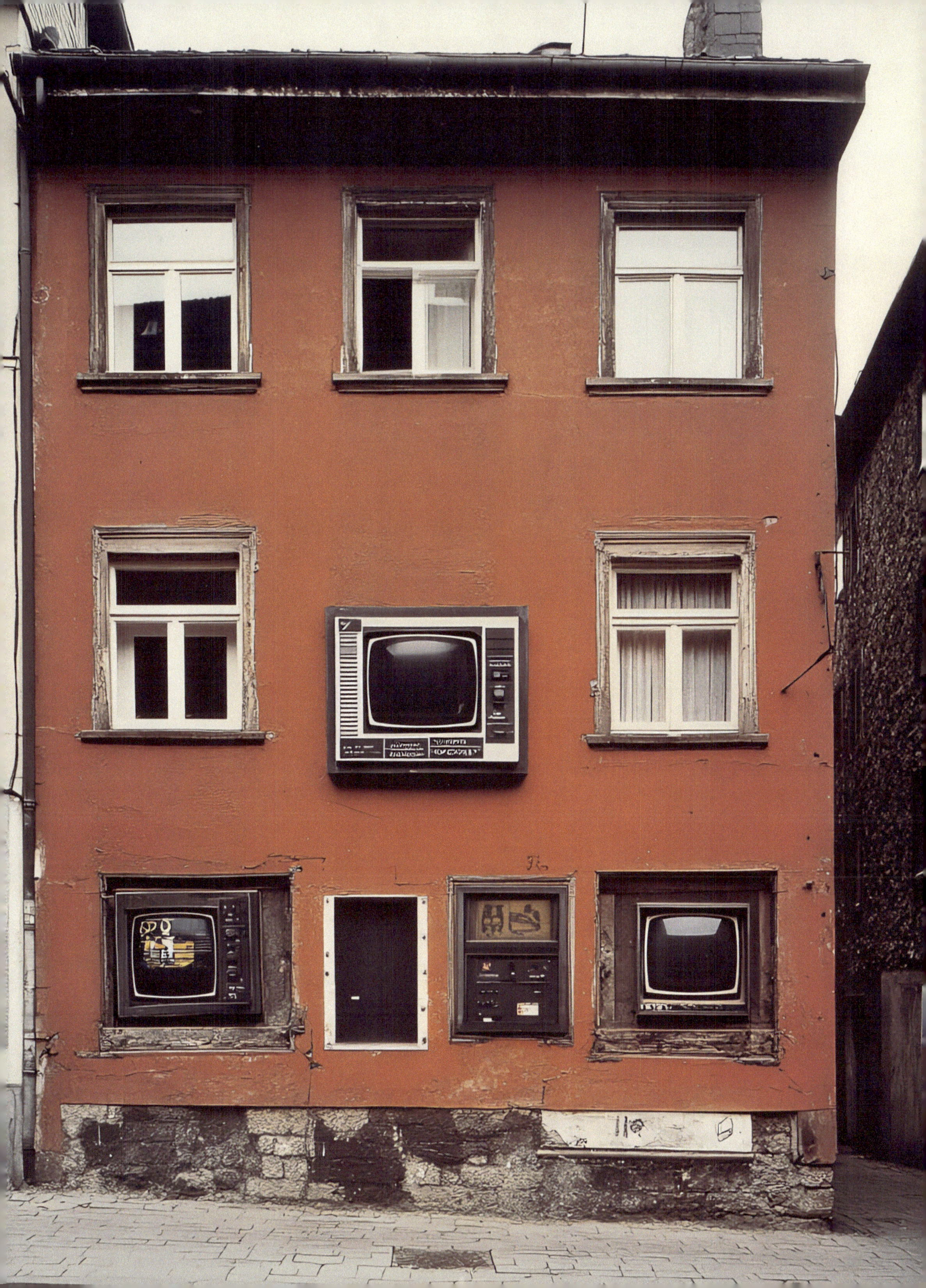

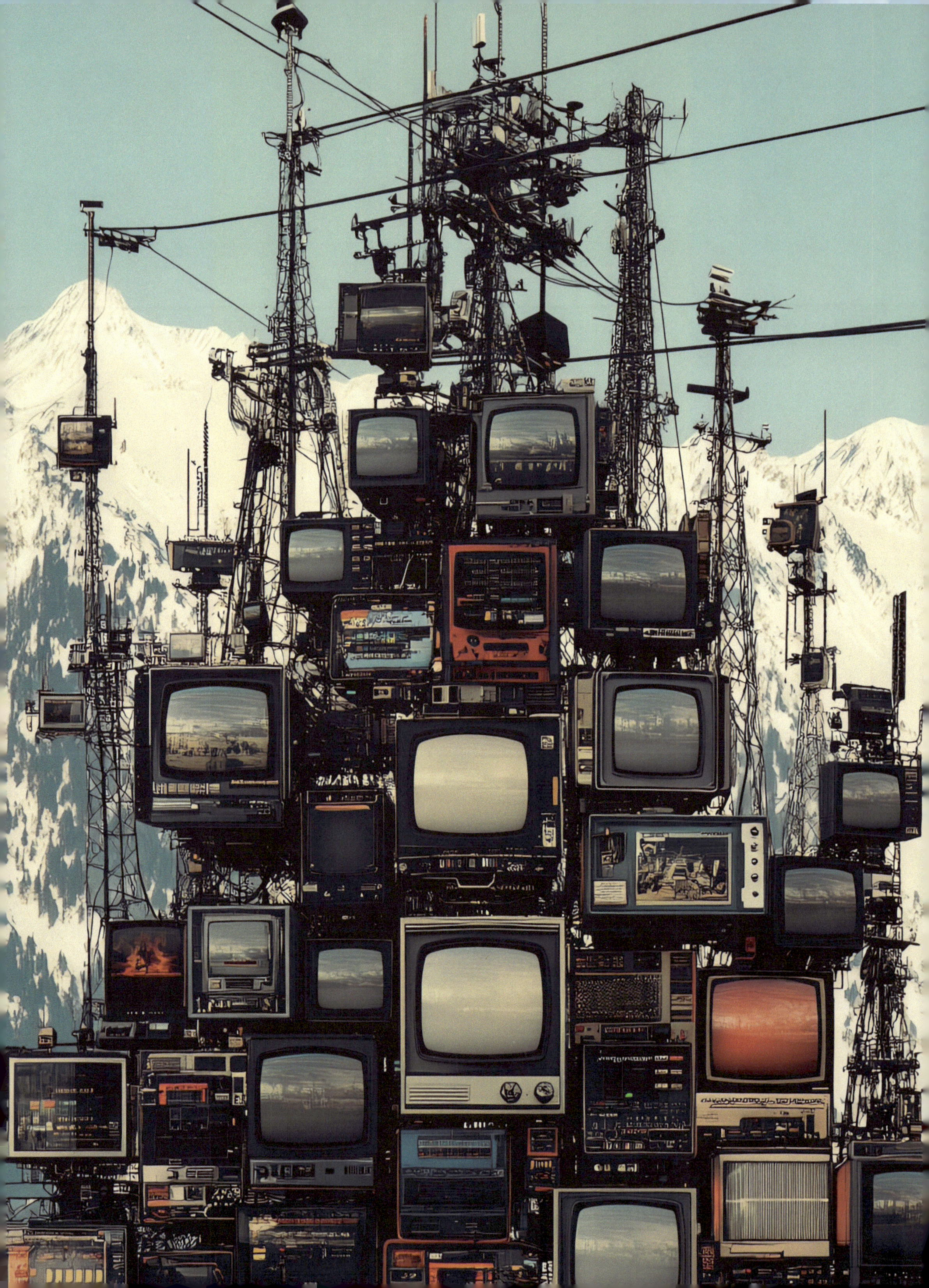

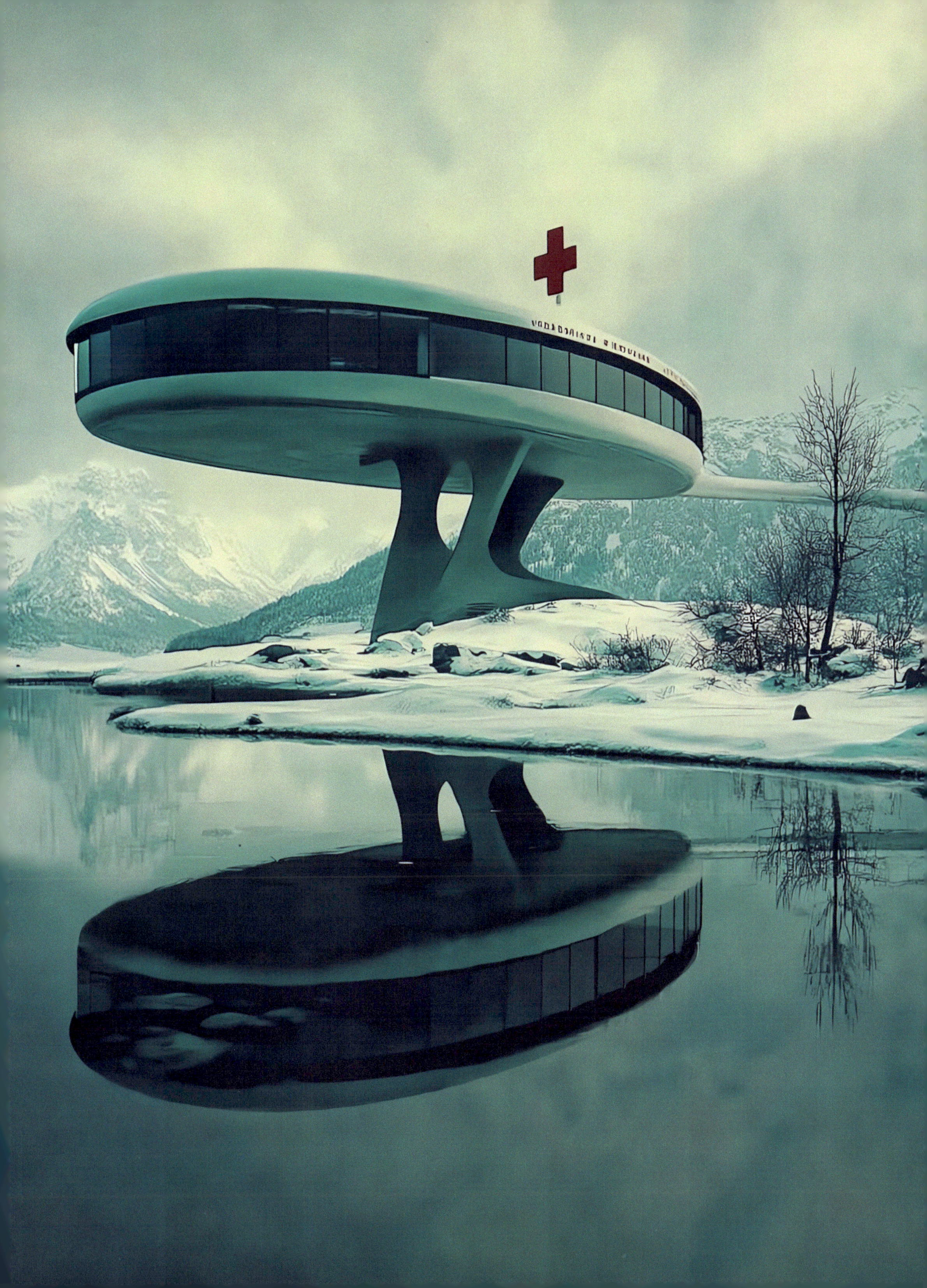

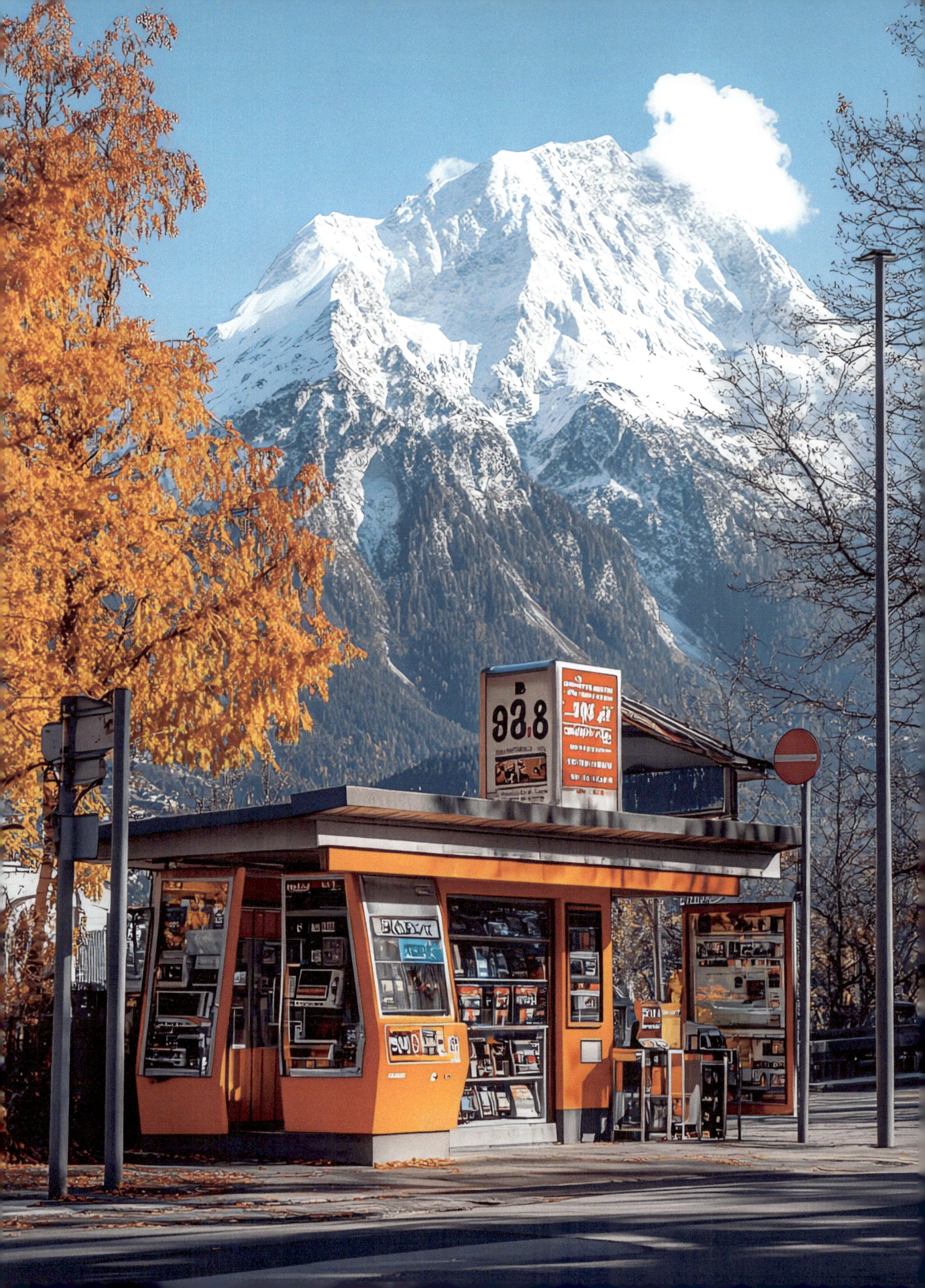

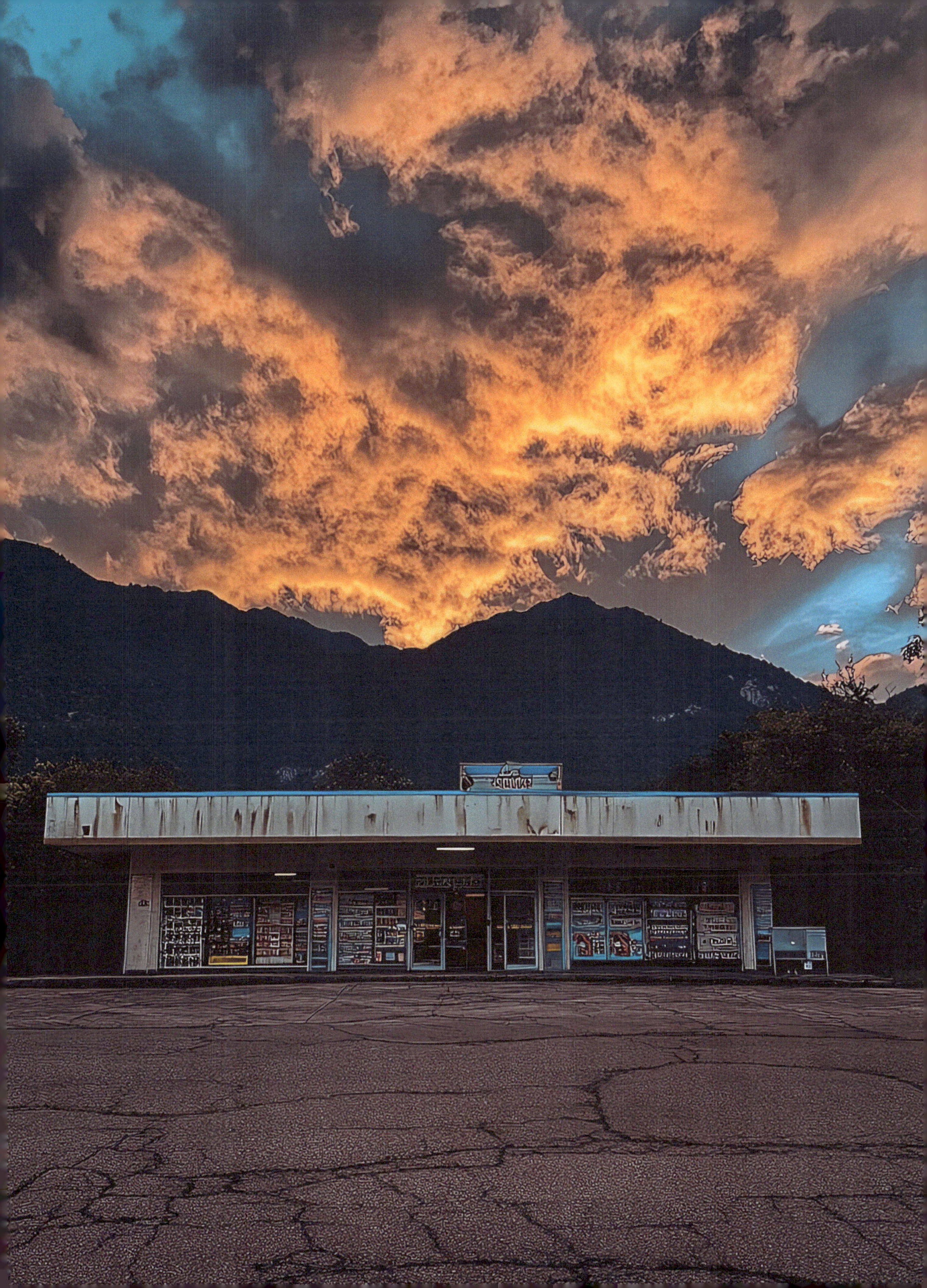

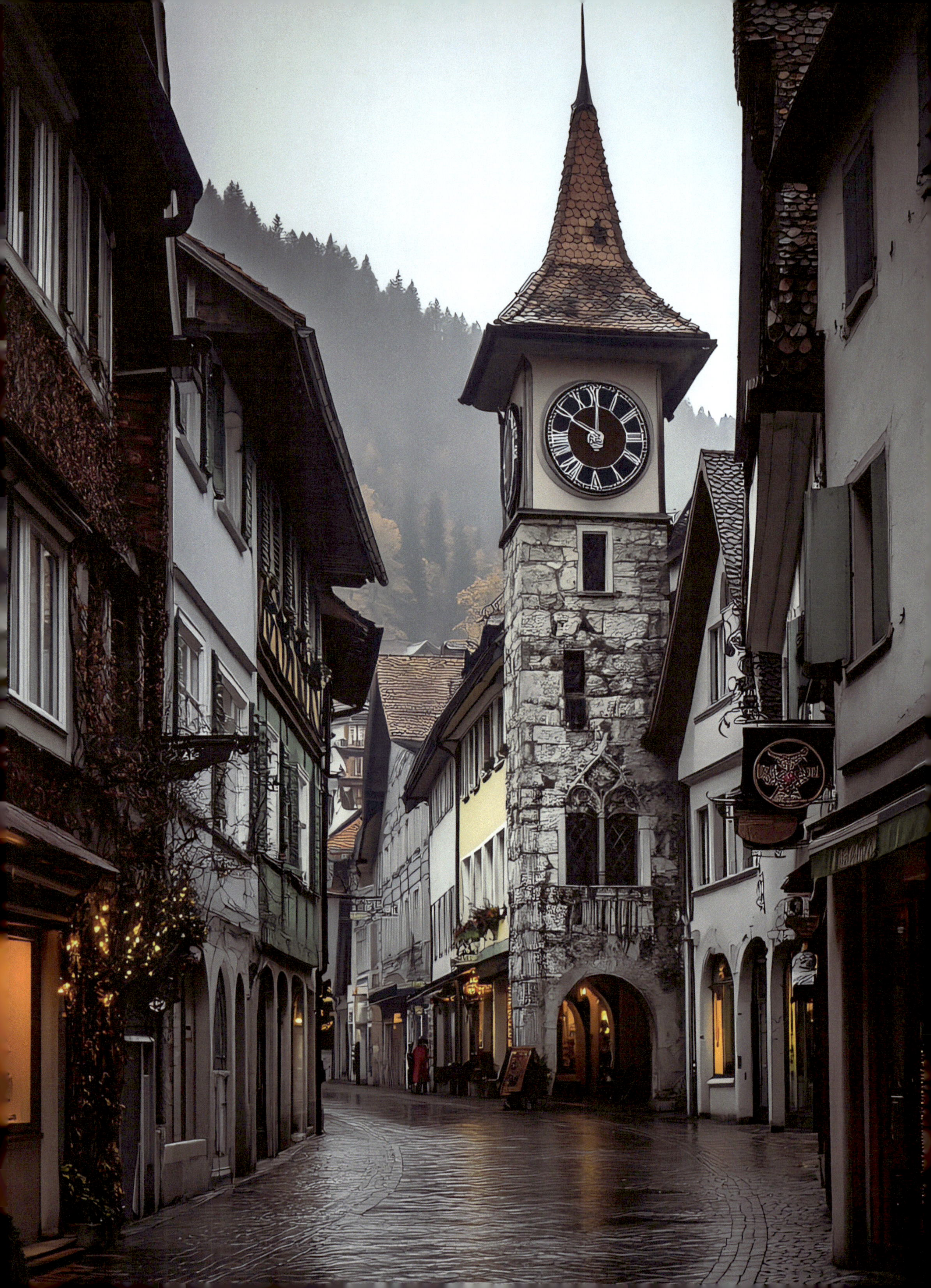

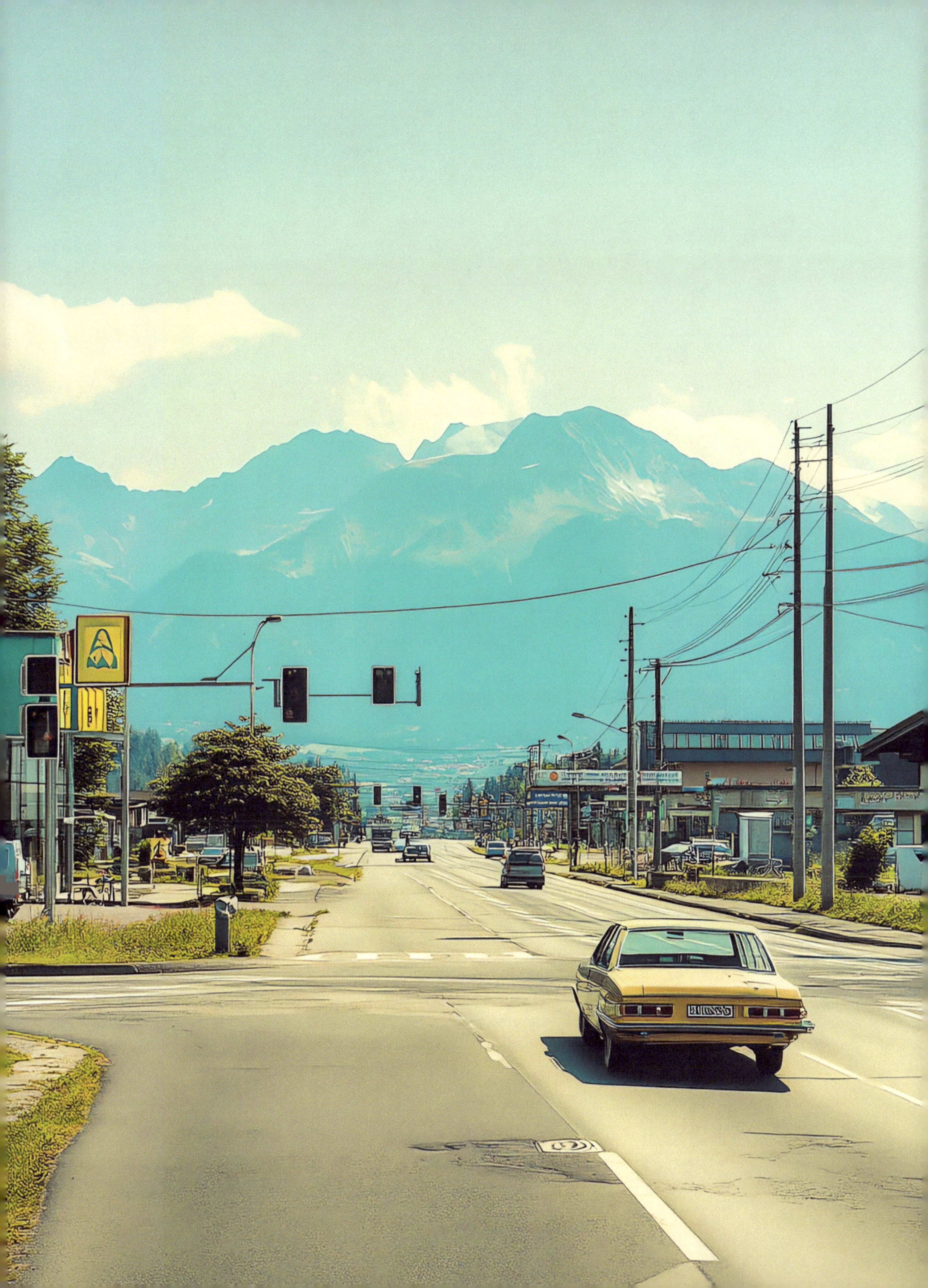

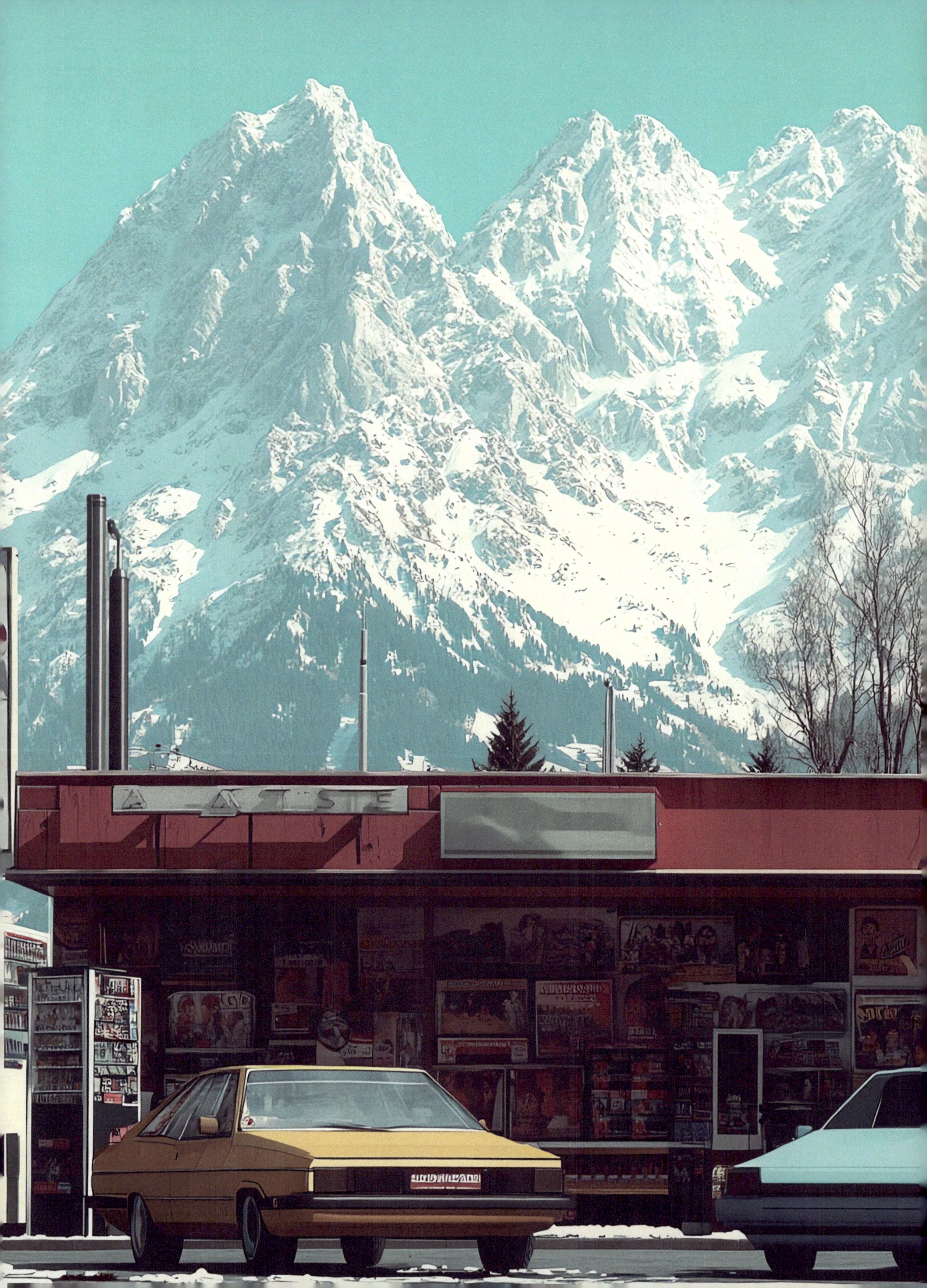

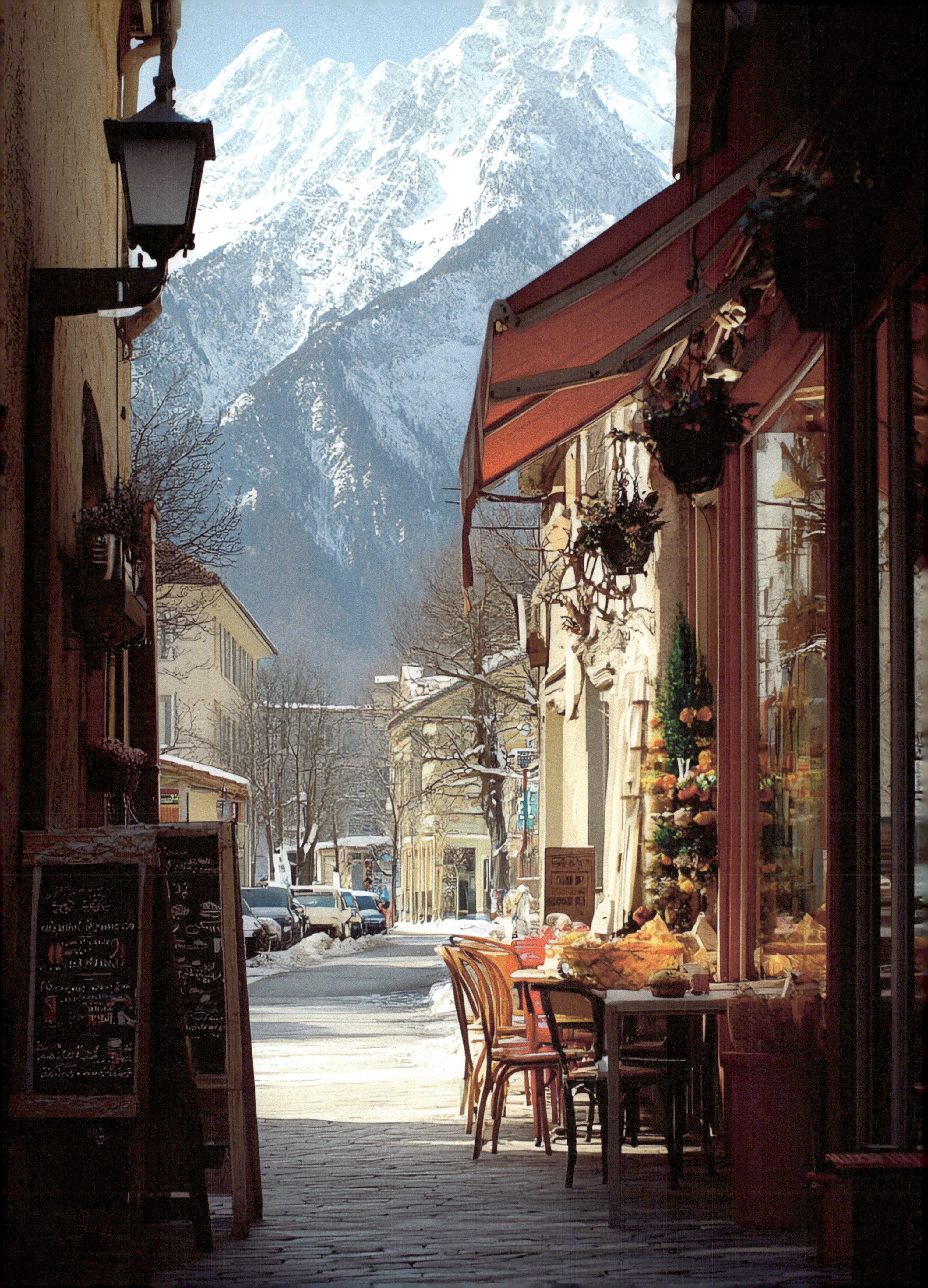

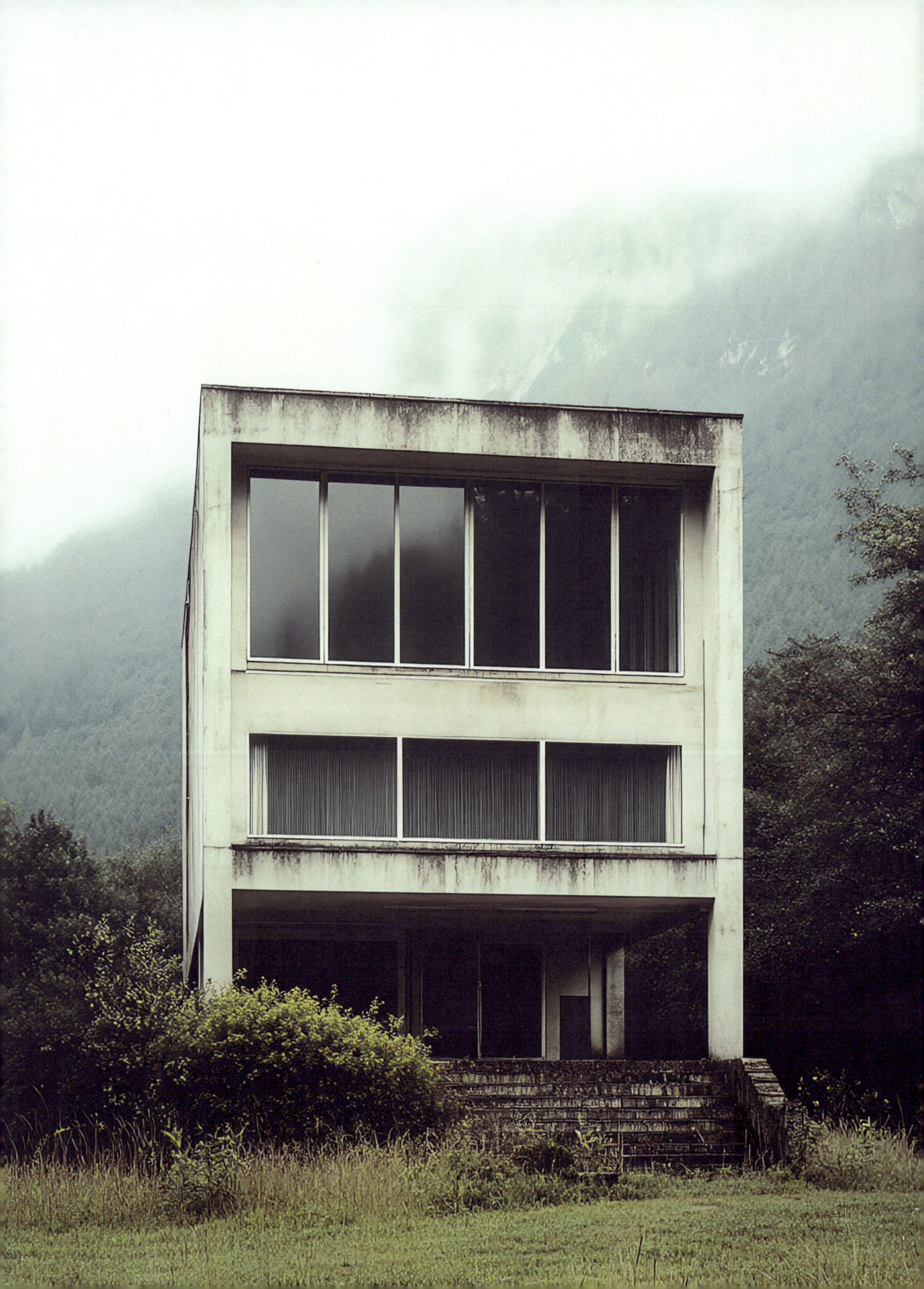

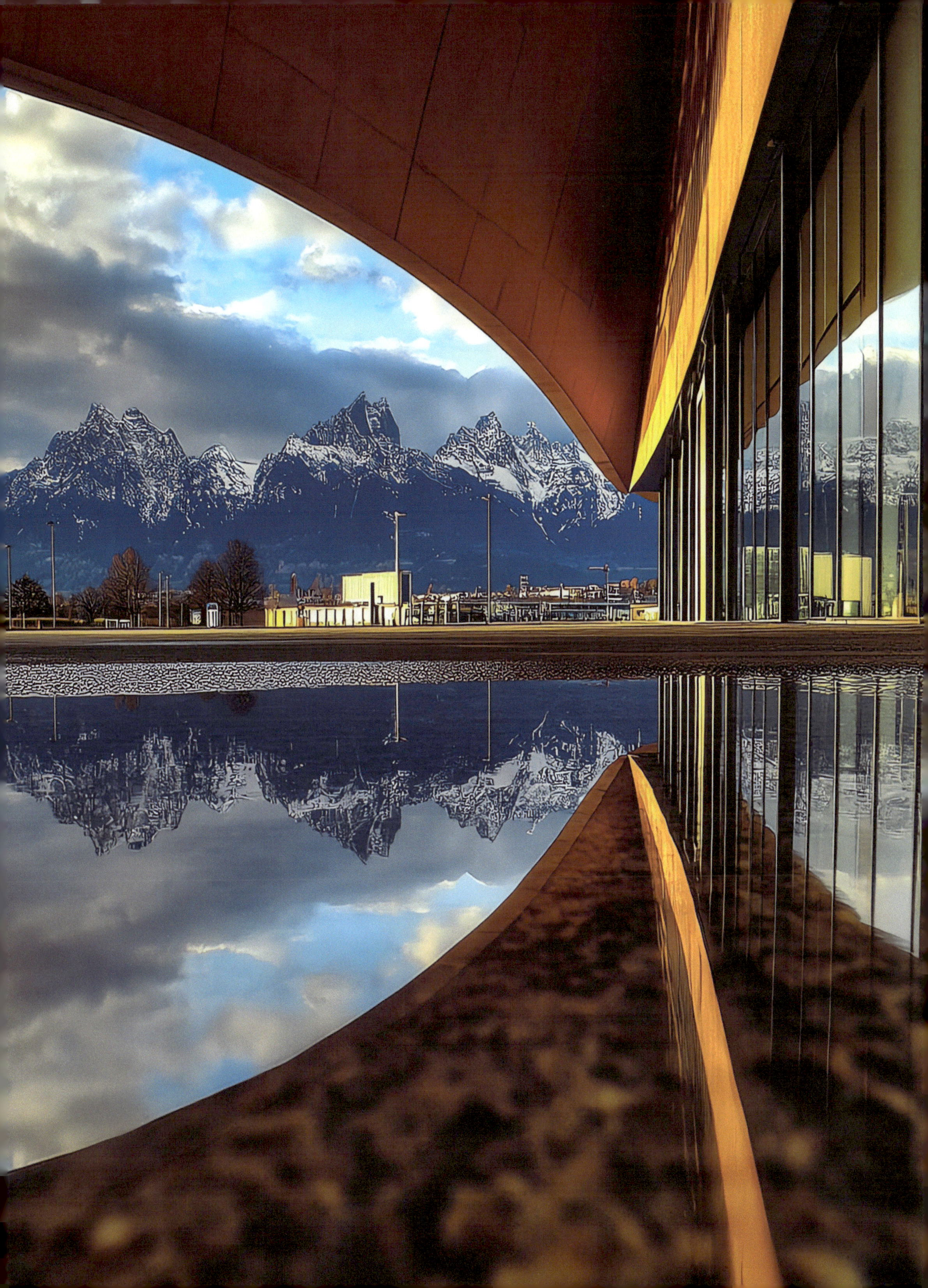

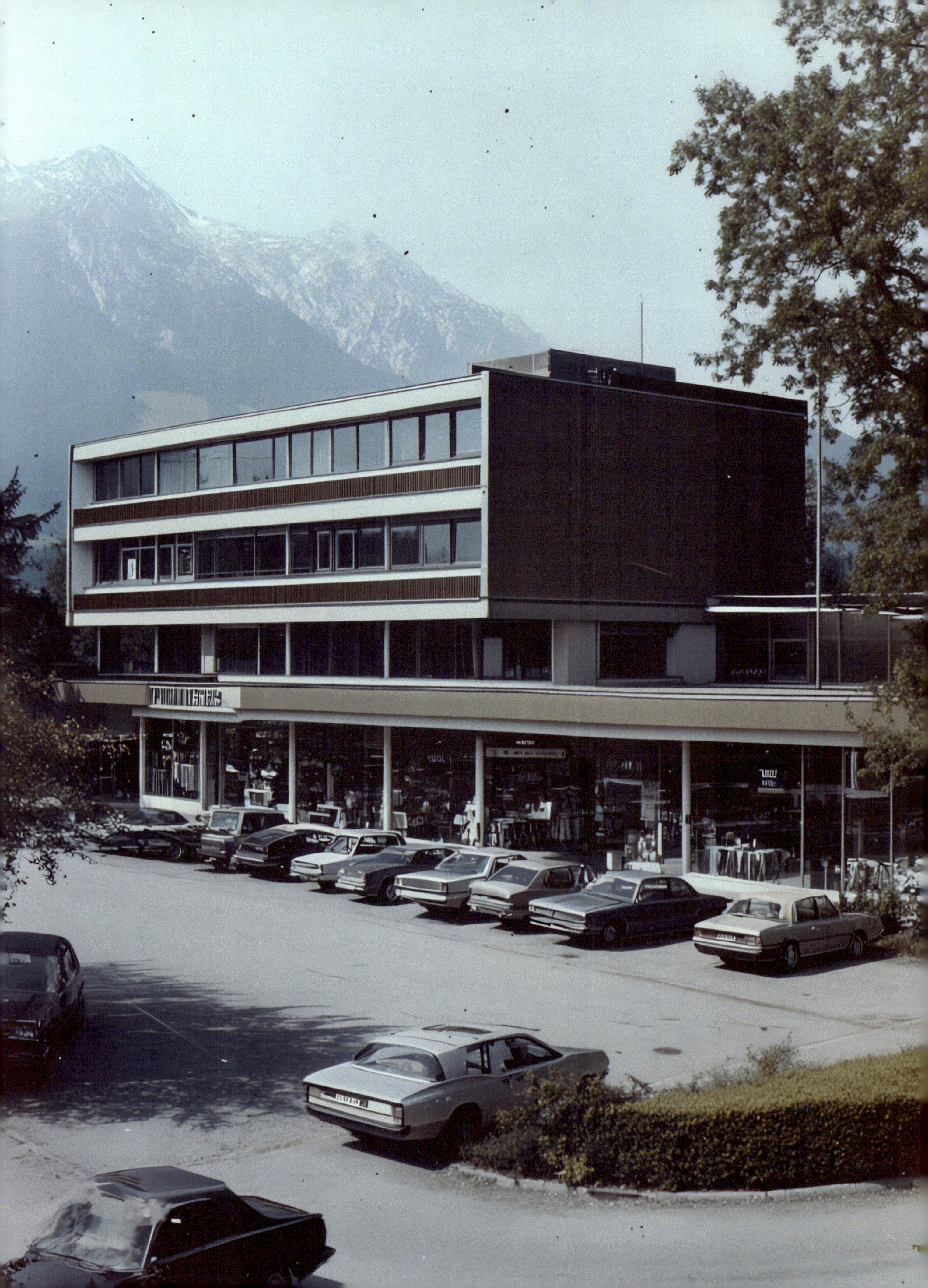

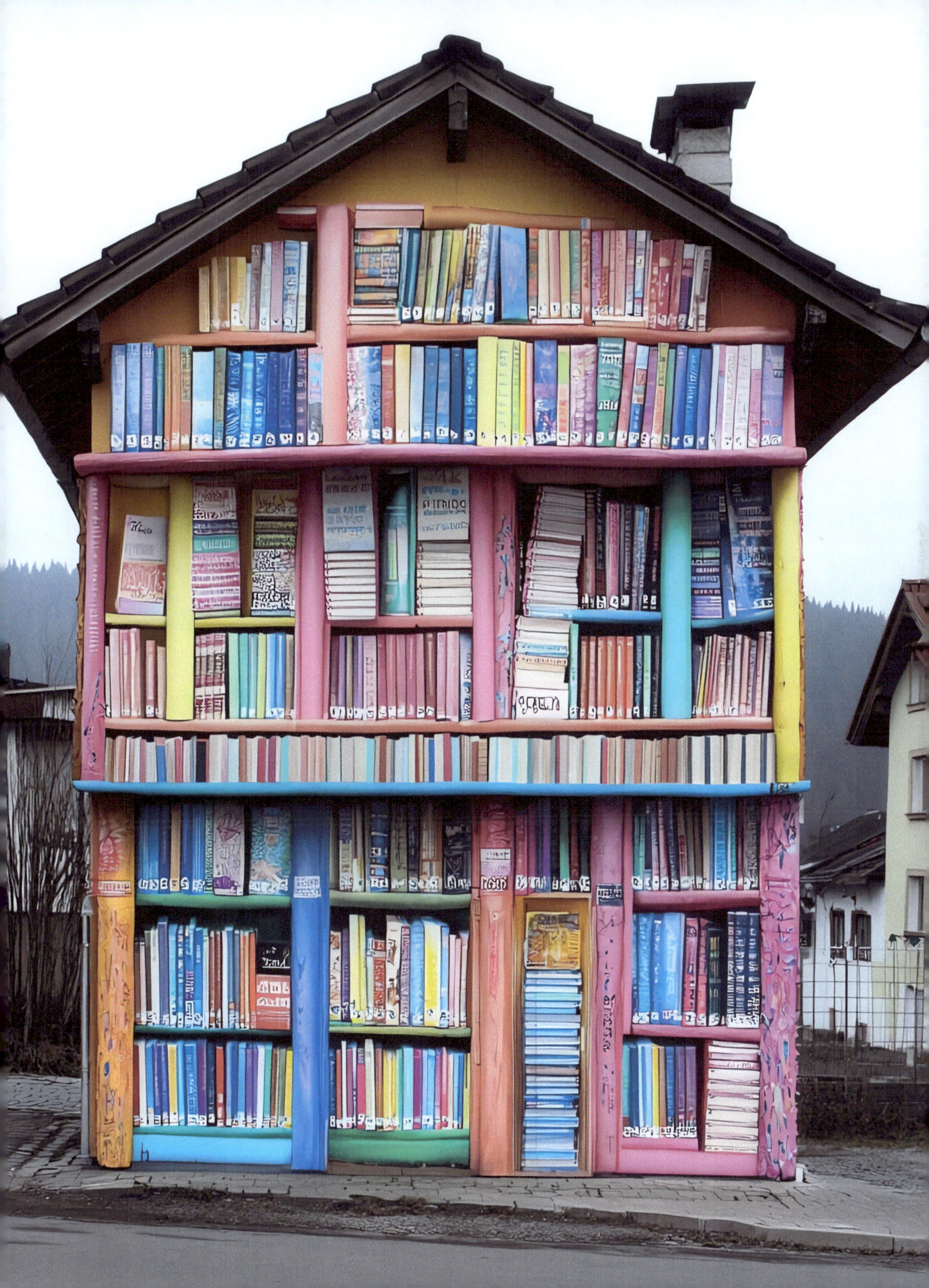

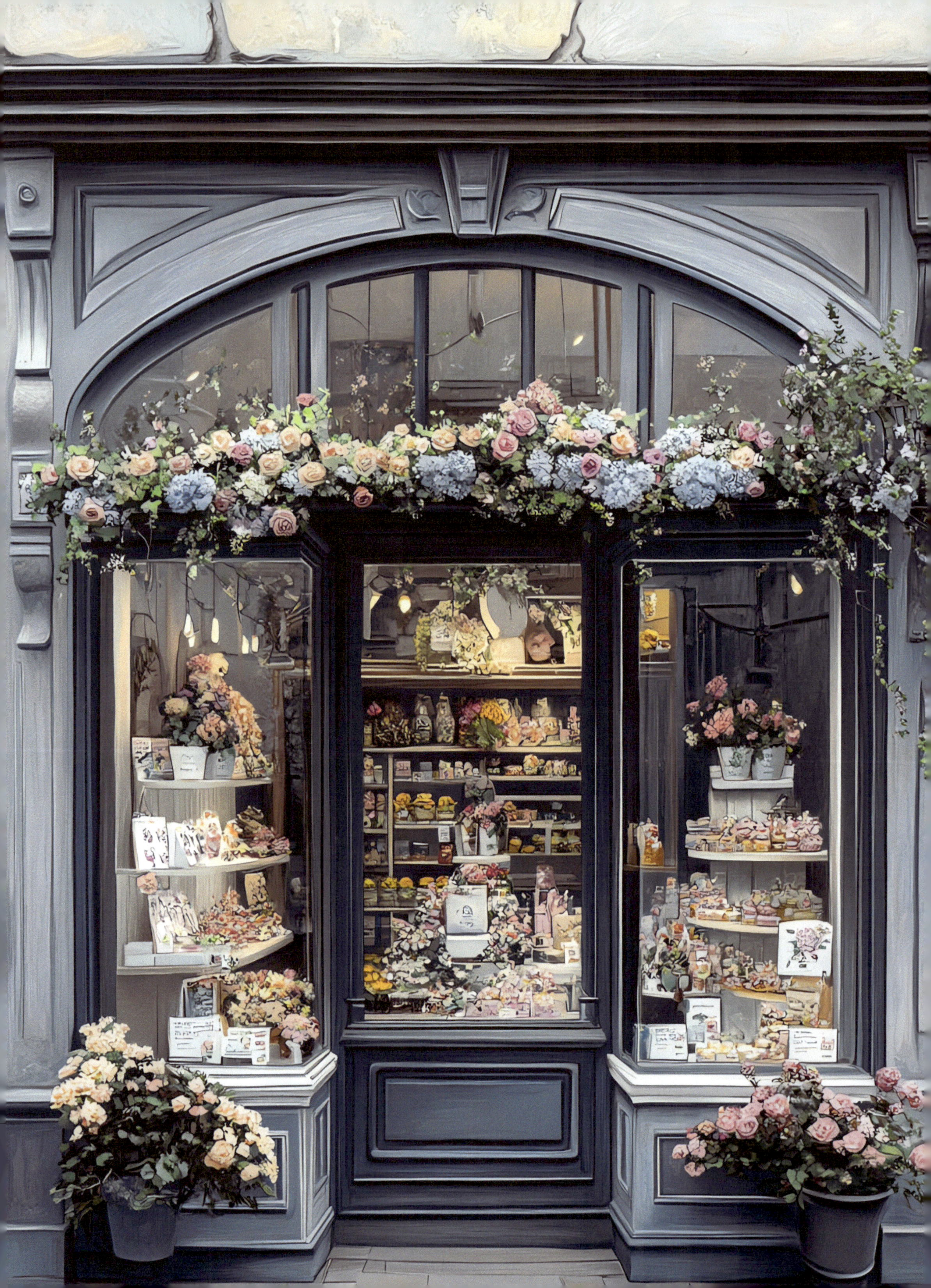

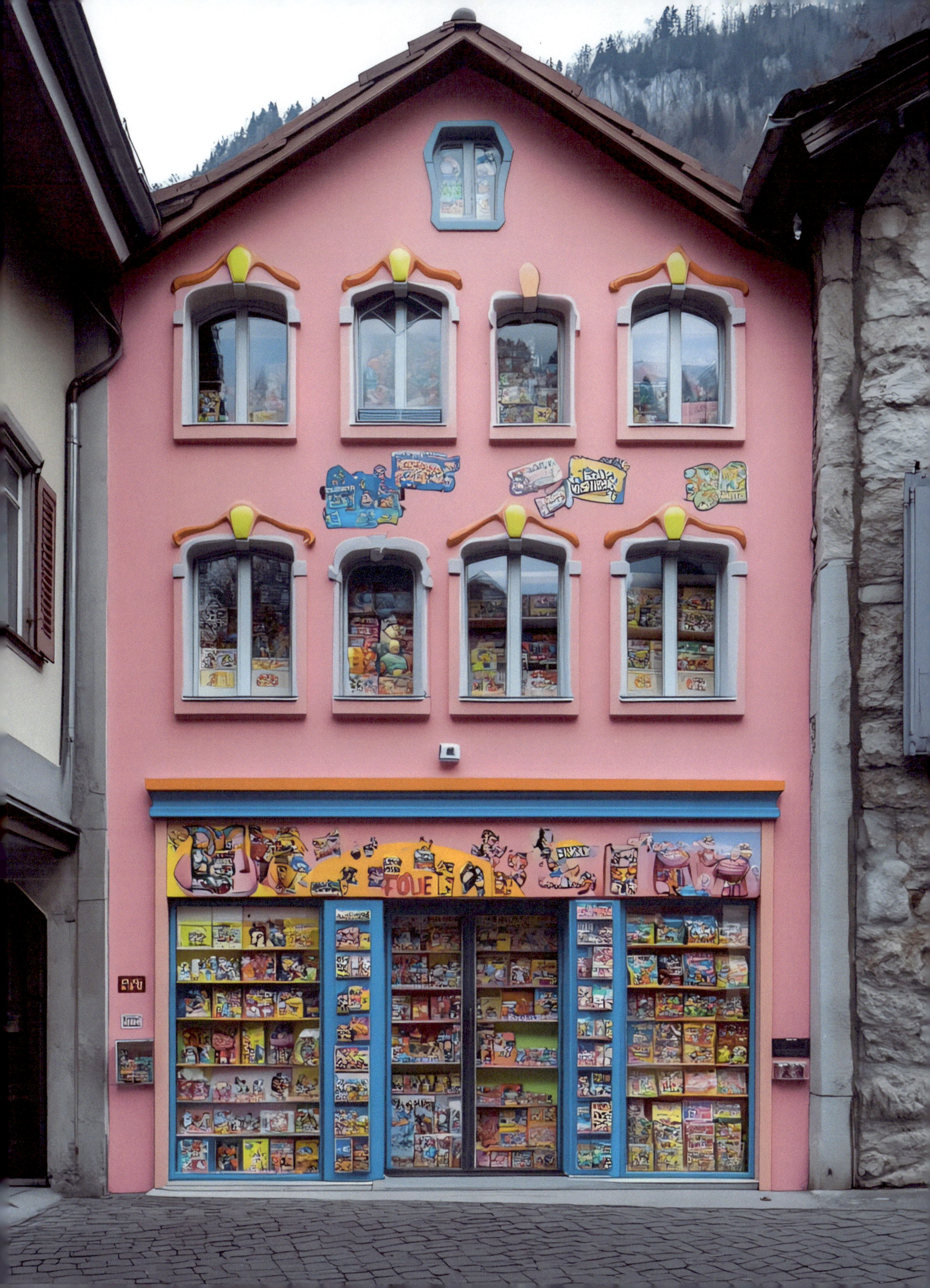

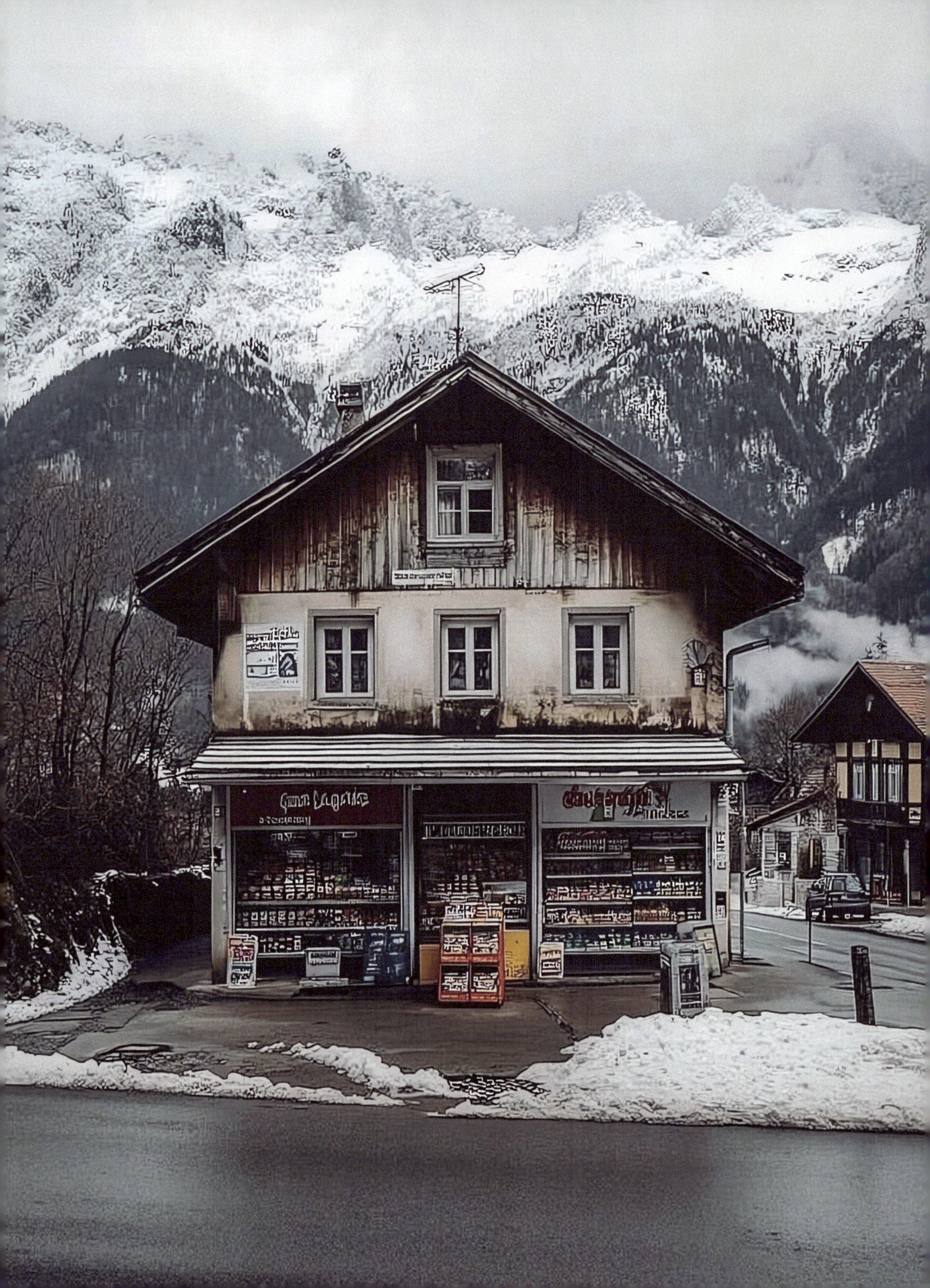

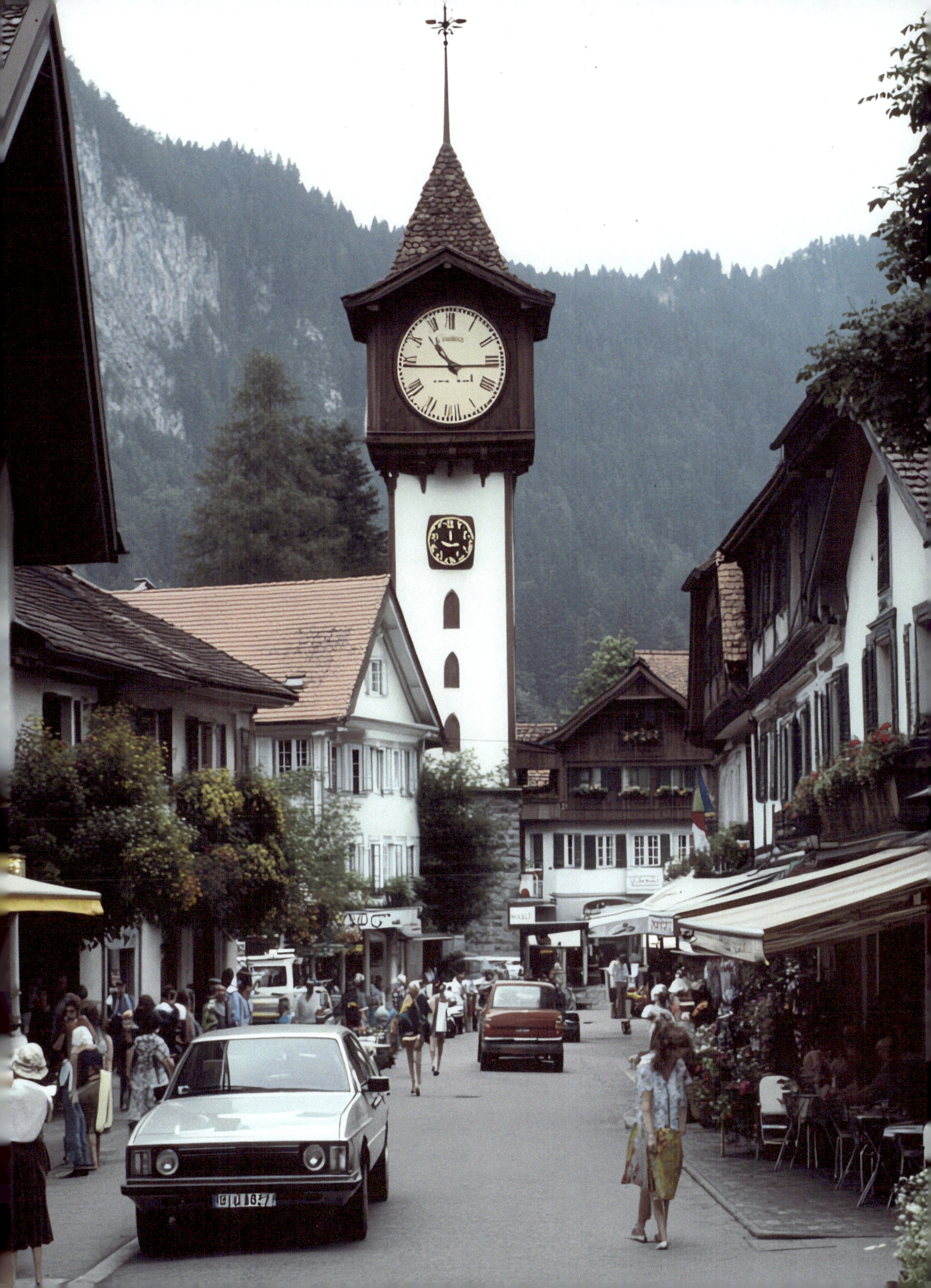

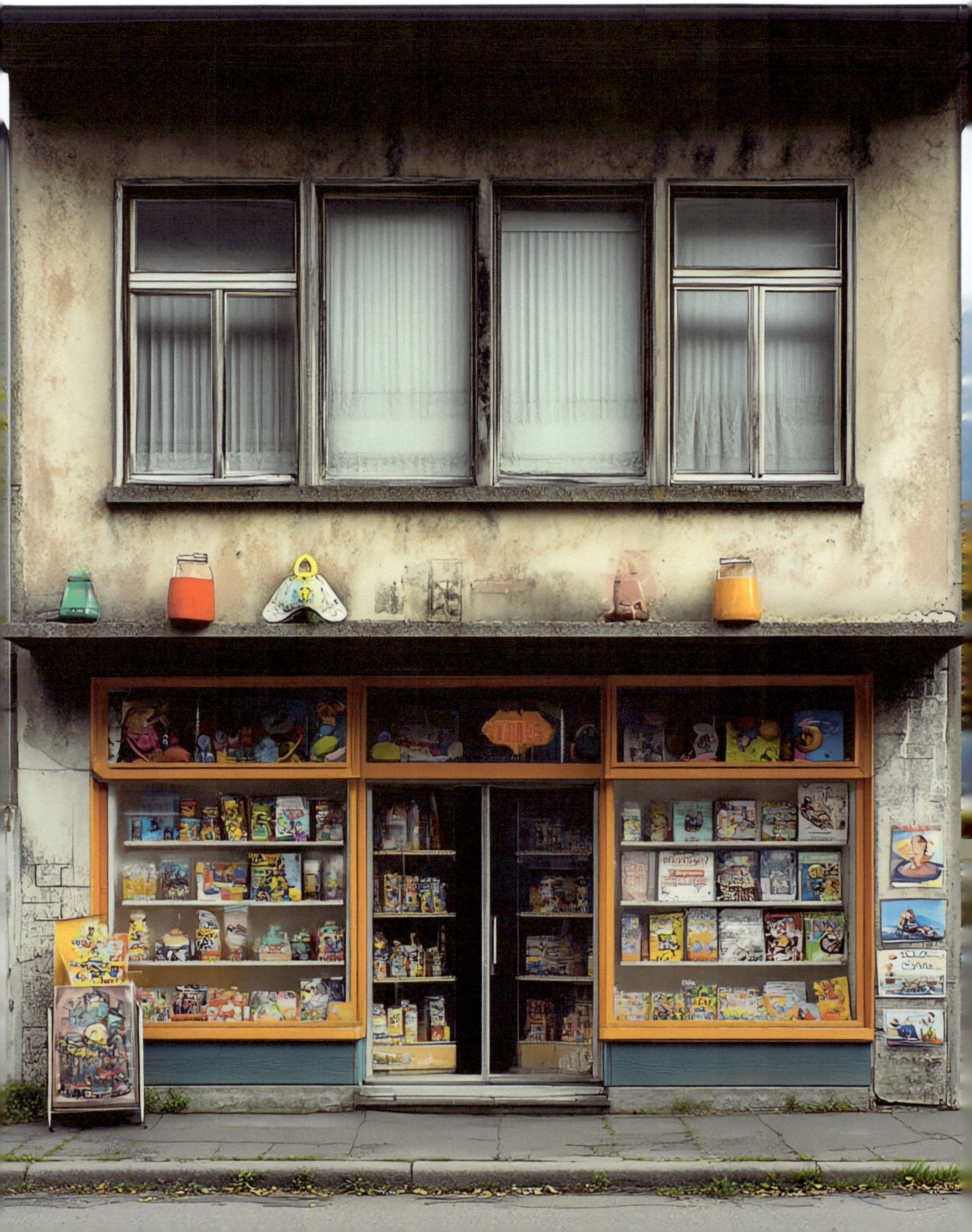